Nelly Bachmann

Flaneure in Berlin und Frankfurt am Main

Urbane Müßiggänger in „Spazieren in Berlin"
und „Tarzan am Main"

Diplomica Verlag GmbH

Bachmann, Nelly: Flaneure in Berlin und Frankfurt am Main. Urbane Müßiggänger in „Spazieren in Berlin" und „Tarzan am Main", Hamburg, Diplomica Verlag GmbH 2016

Buch-ISBN: 978-3-95934-973-4
PDF-eBook-ISBN: 978-3-95934-473-9
Druck/Herstellung: Diplomica® Verlag GmbH, Hamburg, 2016

Bibliografische Information der Deutschen Nationalbibliothek:
Die Deutsche Nationalbibliothek verzeichnet diese Publikation in der Deutschen Nationalbibliografie; detaillierte bibliografische Daten sind im Internet über http://dnb.d-nb.de abrufbar.

© Diplomica Verlag GmbH
Hermannstal 119k, 22119 Hamburg
http://www.diplomica-verlag.de, Hamburg 2016
Printed in Germany

Inhaltsverzeichnis

1. Einleitung..7

2. Literarische Flanerie im 19. Jahrhundert...11
  2.1 Was ist ein Flaneur?...11
  2.2 Das Feuilleton: Inhalt und Form der Flaneurtexte........................15
  2.3 Vorbild: Charles Baudelaire..18

3. Berliner Flaneure bis 1933...23
  3.1 Benjamins *Einbahnstraße* und *Passagenwerk*...........................23
  3.2 Kracauers melancholische Flanerie..25
  3.3 Walsers experimentelles Flanieren...27
  3.4 Das Ende der literarischen Flanerie nach 1933...........................28

4. Flaneure ab 1980 in Deutschland...31
  4.1 Tendenzen des urbanen Müßiggangs.......................................31
  4.2 Urbane Müßiggänger in Berlin...31

5. Die Wahrnehmung der Flaneure in Berlin und Frankfurt....................35
  5.1 Reales Flanieren: Tiergarten...36
  5.2 Reales Flanieren: Am Stadtrand..42
  5.3 Voyeuristisches Flanieren: Der Verdächtige...............................46
  5.4 Voyeuristisches Flanieren: Von meinem Arbeitszimmer aus...........53
  5.5 Flanieren als Kindheitserinnerung: Die Paläste der Tiere..............58
  5.6 Flanieren als Kindheitserinnerung: Ein Trost während meines Schulwegs..............64
  5.7 Gedankliches Flanieren ohne einen Ich-Erzähler: *Der Pendler hat inzwischen eine Geliebte*...69

6. Die Wahrnehmung des Flaneurs am Beispiel von Franz Hessels *Spazieren in Berlin* und Wilhelm Genazinos *Tarzan am Main*...................75
  6.1 Reales Flanieren: Der Vergleich...75
  6.2 Voyeuristisches Flanieren: Der Vergleich..................................79
  6.3 Flanieren als Kindheitserinnerung: Der Vergleich........................83

7. Zusammenfassung..89

8. Literaturverzeichnis..93

1. Einleitung

„Langsam durch die belebten Straßen zu gehen, ist ein besonderes Vergnügen. Man wird überspielt von der Eile der anderen, es ist ein Bad in der Brandung" (Hessel 1984: 7).

So beschreibt Franz Hessel seine Flanerie durch Berliner Straßen, die er durch die Menschenmenge genießt. Seit Mitte der achtziger Jahre ist eine Textform wiederentdeckt worden, die den Spaziergang als Medium moderner Großstadterfahrung betrachtet. Es scheint eine Berliner Spezialität zu sein, wie es Sprengel richtig feststellt. Sogar Paris, die Geburtsstätte der Flanerie, hat keine vergleichbare Tradition. Bis heute wird Berlin die Aura der bekannten „Goldenen Zwanziger" nachgesagt, sodass Literaturhistoriker und Verleger sich den über die damalige bewegte Weltstadt berichtenden Berlin-Flaneuren widmen (Sprengel 1998: 7).

Zu finden war die literarische Flanerie als „kleine Form" in den Feuilletons der überregionalen Presse. So erfahren die Leser, wie die Berliner ihre Kindheit und Jugend in der jungen Reichshauptstadt verbrachten und empfanden. Außerdem erzählten Nicht-Einheimische von ihren ersten Erfahrungen mit Berlin und verglichen diese Stadt mit ihren Herkunftsorten. Auch Korrespondenten der Frankfurter und süddeutscher Zeitungen zeigten in ihren Berichten die Begegnung mit der preußischen Metropole (ebd.).

Viele Berlin-Flaneure werden heute wiederentdeckt, ihre Texte werden gesammelt und publiziert. Erste Doktorarbeiten erschienen ab den achtziger Jahren und setzten sich somit wissenschaftlich mit der Flanerie als literarischer Form einer Stadterfahrung auseinander. Nicht zuletzt hat die kleine Form die damaligen Berlin-Romane wie etwa von Hermann oder Döblin beeinflusst (ebd.).

Wenn wir heute an das Wort `flanieren´ denken, dann verbinden wir damit oft einen gemütlichen Stadtbummel in der Stadt. Schon der französische Literat Louis-Sébastien Mercier thematisierte in seinem Buch „Tableau de Paris" (1781), einer Sammlung von kurzen Prosastücken über Bräuche, Verhaltensarten, Gegenstände und Örtlichkeiten, die dem freien Autor während seiner täglichen Spaziergänge in Paris aufgefallen waren (Köhn 1989: 17).

Doch der aus dem Französischen stammende Begriff hatte früher eine weitere Bedeutung inne, und zwar die des Flanierens als Lebenseinstellung. Dazu gehört der passionierte Autor Franz Hessel, der als Liebhaber der Metropolen Berlin und Paris gilt. Lange Zeit war er vergessen, doch seit den achtziger Jahren wird er in der Literatur beachtet. Es sind seitdem einige Arbeiten erschienen, die seine Bücher aus seinen drei Werkphasen thematisieren. Ich habe ihn ausgewählt, weil er zu den wichtigsten Berlin-Flaneuren des 20. Jahrhunderts gehört und dennoch in der Gegenwart wenig bekannt ist.

Der zweite von mir ausgewählte Autor von Flaneurtexten ist der in Gegenwart bekannte Wilhelm Genazino, dessen Figuren einen flanierenden Blick aufweisen. Im Gegensatz zu Hessel gehört die Großstadt Frankfurt am Main zum Zentrum seines urbanen Müßiggangs. Zu Frankfurt gibt es wenige Flaneurtexte, da sich die Flaneure meistens in den klassischen europäischen Hauptstädten wie Paris oder Berlin befinden. Deshalb ist es auch interessant, sich die Sichtweise des urbanen Müßiggängers aus dieser Stadt anzuschauen. Ich habe Genazino außerdem ausgewählt, weil zwischen seinem *Tarzan am Main* und Hessels *Spazieren in Berlin* 84 Jahre liegen und somit sowohl Unterschiede als auch Gemeinsamkeiten hinsichtlich der Flanerie zu erwarten sind.

Die Fragestellungen meiner Untersuchung lauten: Was sehen die Flaneuren während ihrer Müßiggänge? Und wie wird dies beschrieben? Welche Wahrnehmungsobjekte stehen im Mittelpunkt der urbanen Müßiggänger? Welche Situationen werden von ihnen bewusst aufgesucht? Welche sprachlichen Mittel wenden die Erzähler an? Welchen Zweck verfolgen die Flaneure? Was sind die wichtigsten Gemeinsamkeiten und Unterschiede der ausgesuchten Flaneure beim Anblick der Großstadt? Und vor allem, wie hat sich die Wahrnehmung des Flaneurs im Laufe der Jahrzehnte verändert?

Das Ziel dieser Untersuchung ist es, die Wahrnehmung des Flaneurs anhand der zwei Werke *Spazieren in Berlin* und *Tarzan am Main* zu vergleichen. Dabei beschränke ich mich aufgrund des begrenzten Umfangs auf jeweils drei zu vergleichende Episoden des Flaneurbuchs und eine Episode, die einzeln untersucht wird. Vier verschiedene Varianten des Flanierens werden genauer unter die Lupe genommen.

Mit dieser Untersuchung möchte ich einen Vergleich zwischen zwei unterschiedlichen Flaneuren anstellen, den es in der Literatur noch nicht gibt. Die Untersuchung besteht aus einem Theorieteil zum Thema Flanerie und einer Untersuchung der Wahrnehmung der Flaneure anhand ausgewählter Episoden.

Bei der Untersuchung der Texte gehe ich so vor, dass ich den Theorieteil in die Untersuchung einbaue, die Untersuchung damit untermauere und daraus neue Erkenntnisse gewinne. Die Blicke der urbanen Müßiggänger werden den Text entlang genauer angeschaut. Ich bediene mich der Erzähltheorie, indem ich mich auf das „Was" und „Wie" der Handlung im Text konzentriere.

Als Erstes werde ich mich mit dem Begriff des Flaneurs auseinandersetzen, wobei eine Charakterisierung des urbanen Müßiggängers versucht wird. Des Weiteren werde ich in kompakter Form die geschichtliche Entwicklung des Flaneurs darstellen. Daraufhin betrachte ich den Inhalt und die Form der Flaneurtexte, die früher als Feuilleton in Zeitungen zu finden waren. Dann widme ich mich Charles Baudelaire, der für die meisten Flaneure als Vorbild gilt. Er war ein wichtiger Autor der literarischen Flanerie im 19. Jahrhundert.

Im dritten Kapitel geht es um Berliner Flaneure bis 1933. Dazu gehören Walter Benjamin mit seiner *Einbahnstraße* und dem *Passagen-Werk*, Siegfried Kracauers melancholische Flanerie und Robert Walsers experimentelles Flanieren. Am Schluss dieses Kapitels werden in kurzer Form das Ende der literarischen Flanerie nach 1933 und dessen Gründe genannt. Das vierte Kapitel handelt von Flaneuren ab 1980 in Deutschland, wobei die Tendenzen des urbanen Müßiggangs und die Flaneure in Berlin anhand von kurzen Zusammenfassungen der Flaneurtexte anschaulich gemacht werden.

Im fünften Hauptkapitel stelle ich die Wahrnehmung von Hessel und Genazino anhand einzelner Episoden aus deren Flaneurwerken vor. Davor stelle ich in kompakter Form die für beide Flaneure typischen Blicke vor. Zunächst sehe ich mir das reale Flanieren an, bei dem tatsächlich beim Gehen der urbane Müßiggänger seine Eindrücke und Gedanken festhält. Hessels Episode heißt *Tiergarten*, Genazinos *Am Stadtrand*. Die nächste Art zu flanieren stellt das voyeuristische Flanieren dar, wobei das Schauen in die Fenster eine wichtige Rolle spielt. Die beiden Texte dieser Flanierart sind *Der Verdächtige* und *Von meinem Arbeitszimmer aus*. Die dritte Version des Flanierens ist das Flanieren als Kindheitserinnerung, wobei die eigene Kindheit im Vordergrund steht. Die Episoden heißen *Die Paläste der Tiere* und *Ein Trost während meines Schulwegs*. Die letzte zu untersuchende Art zu flanieren ist das gedankliche Flanieren ohne einen Ich-Erzähler, der Text heißt *Der Pendler hat inzwischen eine Geliebte*. Sie ist eine Ausnahme unter den Flaneurtexten, da weder ein Ich-Erzähler noch ein Flanieren auf der Straße stattfindet.

Im sechsten Kapitel vergleiche ich die drei Flanierarten und die Wahrnehmung der urbanen Müßiggänger hinsichtlich besonderer Merkmale, Gemeinsamkeiten und Unterschiede, um herauszufinden, inwiefern sich die Blicke der zu vergleichenden Flaneure unterscheiden und ob sich die Flaneurtexte im Laufe der Jahrzehnte stark verändert haben oder nicht. Dabei schaue ich auf die Wahrnehmungsobjekte, die Sprache, die Melancholie und Entfremdungsgefühle und stelle die Unterschiede kurz zusammen.

Das letzte Kapitel beinhaltet die wichtigsten Erkenntnisse, Ergebnisse und eine kurze Zusammenfassung der typischen Wahrnehmungen von Hessel und Genazino sowie Gemeinsamkeiten und Unterschiede der untersuchten Texte.

2. Literarische Flanerie im 19. Jahrhundert

2.1 Was ist ein Flaneur?

Unter dem Begriff 'Flaneur' (französisch: umherstreifen) versteht man einen umherschlendernden Müßiggänger (Zentner 2007: 226). Der typische Flaneur ist männlich und Einheimischer der Großstadt. Früher schickte es sich nicht für die Frauen, allein in der Großstadt herumzulaufen, wenn sie nicht für Prostituierte gehalten werden wollten. Normalerweise geht er keiner Arbeit nach, nur den Beruf des Literaten akzeptiert er. Dieser urbane Müßiggänger strebt in die Großstadt, in der er sich zu Hause fühlt. Leonhard Fuest betont, der Flaneur sei wie seine Kulisse, die Großstadt, dazu auserkoren, eine unruhige sowie beunruhigende Qualität anzunehmen. Seine Wege bestehen aus einem Labyrinth und machen ihn somit unberechenbar und beinah zu einem Kriminellen. Man unterscheidet Müßiggänger, die sich in in verschiedenen Gesellschaftsklassen befinden: Bereits im 18. Jahrhundert flanierten Aristokraten durch Paris und präsentierten den Passanten absichtlich ihren Reichtum an Zeit und Geld. In der gleichen Zeit wurden Vagabunden festgenommen und zur Arbeit gezwungen (Fuest 2008: 101).

Die historisch früheste Figur in der literarischen Tradition des urbanen Spaziergängers stellt der *observateur* dar. Dieser Beobachter sieht Paris als eine Stadt, in der die aristokratischen Bürger in Luxus und Verschwendung leben, das Bürgertum sich durch Genusssucht und Ausschweifung auszeichnet und die unteren Klassen zu Alkoholmissbrauch und Verbrechen verführt werden. Außerdem beobachtet der *observateur,* dass die bäuerliche Bevölkerung vermehrt in die Metropole übersiedelt, da die Stadt wegen der städtischen Formen des Handelns und des Gewerbes mehr Vorteile und Gewinn bringt als die Landarbeit. Die Physiokraten vertraten hingegen den Standpunkt, die Metropole schwäche die Quelle des gesellschaftlichen Reichtums sowie die agrarische Produktion, da durch Landflucht der bäuerlichen Bevölkerung Arbeitskräfte fehlten. Deshalb sehen sie die Großstadt als die Hauptursache für die Verschärfung der allgemeinen sozialen Misere an. Der urbane Müßiggänger äußert Kritik, indem er die Großstadt als eine Gefahr für den moralischen und tugendhaften Menschen darstellt. Auch Mercier ist der Meinung, die Stadt sei „ein Parasit am Körper der Gesellschaft". (Köhn 1989: 23-24)

Im 19. Jahrhundert traten in Paris die ersten dichtenden Flaneure wie z.B Baudelaire auf. Sie verstanden sich als großstädtische und künstlerische Elite, die die Straße als einen zu lesenden Text ansah (Wellmann 1991: 142). Zu unterscheiden ist der Flaneur von dem *badaud*, welcher die äußere Verhaltensweise des urbanen Müßiggängers übernimmt. Dieser verhält sich distanzlos gegenüber seiner Umwelt, ist neugierig auf ein Spektakel auf der Straße, ist also ein lauernder Gaffer. In der Menge verliert er seine Identität. Angelika Wellmann unterstreicht, dass erst ab Mitte des 19. Jahrhunderts der Flaneur zu einer positiv konnotierten Gestalt wurde (ebd. 135). Der Flaneur hingegen ist geistesgegenwärtig und nachdenklich. Sein Fokus liegt auf Schaufenstern, Warenauslagen, Plakaten, Schildern und Gestalten in der Menge (Köhn 1989: 60-61). Er steht der Menge beobachtend und distanziert gegenüber. Außerdem ist er sich seiner Individualität in der Menge bewusst und bewahrt diese. Des Weiteren ist er in der Lage, in der indifferenten Menge noch das Besondere zu erkennen. Er versucht ein realitätsnahes Bild zu produzieren (Wellmann 1991: 141).

Darüber hinaus unterscheidet man den Flaneur vom Spaziergänger. Der letztere geht einen gebahnten Weg, auf dem ihn nichts hindert außer den anderen Spaziergängern. Seine Spaziergänge finden im Garten, Park, in der Allee oder als Rundgang statt. Der Flaneur hingegen hat mit mehr Hindernissen wie Gedränge der Masse, Baustellen, Straßenarbeiten und Straßenverkehr zu rechnen. Somit muss der Müßiggänger oft ausweichen und neue Wege gehen. Fußgängerzonen und Passagen wirken dem entgegen, zäunen aber gleichzeitig die Gehbewegung ein und erzeugen die Atmosphäre eines Einkaufbummels (Neumeyer 1995: 12-13).

Anfang der 20. Jahrhunderts entwickelte sich vermehrt auch in Deutschland literarische Flanerie. Meist verfügt der Flaneur über genügend finanzielle Mittel, um seinem Müßiggang in Gelassenheit nachzugehen. Doch es gibt auch Flaneure, die mit wenig Vermögen literarische Texte über die Metropole verfassen. Besonders in prekären Lebenslagen wird der urbane Müßiggänger zu einem kritischen Andersdenkenden seiner Zeit, der sich der Arbeit in der bürgerlich-produktiven Welt verweigert und somit Provokationen auslöst (ebd.).

Obwohl seit 1848 Flaneure in Deutschland Feuilletons über Berlin verfassten, ist der Flaneur als Figur im Straßenleben ungewöhnlich. Die Menschen sind gegenüber dieser Figur misstrauisch, da sie dahinter einen Kriminellen oder einen Sexualtäter vermuten. Durch die immense Beschleunigung des Rhythmus der Zeit ist die Gegenwart zu schnellem Altern verurteilt. Mit dem Verschwinden der Gegenwart sind die in ihr noch vorhandenen Spuren der Geschichte von Auslöschung bedroht. Die Aufgabe des Flaneurs ist es, die noch vorhandenen Spuren der Geschichte, welche vom Auslöschen bedroht sind, zu sichern (Köhn 1989: 179).

Für den Flaneur werden unwichtige und unscheinbare Vorgänge des Alltagslebens besonders. In allen Flaneurtexten ist eine Umkehrung von Bedeutendem und Unbedeutendem ersichtlich (Frank 1998: 38). Die scheinbar kaum wahrnehmbaren oder alltäglichen Dinge werden als bedeutungsvoll erachtet. Wohingegen die kulturell wichtigen oder in der Gesellschaft anerkannten Gegebenheiten für nicht erwähnenswert oder für überbewertet gehalten werden. So erkennt Hessel den neuen Typus der „neuen Berlinerin" durch Beobachtung ihrer Rituale (Köhn 1989: 180).

Darüber hinaus weist er melancholische Züge auf, was nicht verwunderlich scheint, wenn man bedenkt, dass sich die literarische Flanerie als eine Reaktion auf die Veränderung der Lebensumstände in der Großstadt verstehen lässt. In der Moderne, besonders im 20. Jahrhundert, verändert sich die Metropole durch die Vermassung der Städte und die Beschleunigung in allen gesellschaftlichen Bereichen (ebd.). Seelische Zustände wie Isolation, Wahnsinn, Melancholie und Nervosität prägen die literarischen Werke der Flaneure. Der langsame Gang des urbanen Müßiggängers setzte schon sehr früh ein und ist als Gegenreaktion auf die Schnelligkeit des Lebens zu interpretieren. Damit wollte er ein Zeichen setzen. Wie Fuest betont, war sich der melancholische Müßiggänger dessen bewusst, dass er zu einer aussterbenden Spezies gehört (Fuest 2008: 101).

Im Laufe der Zeit hat sich die Figur des Flaneurs gewandelt, sodass Wilhelm Genazino von einem *Streuner* spricht. Sein Flaneur geht in der Frankfurter Innenstadt spazieren, ohne jedoch einen direkten Anschluss zu finden (Fansa 2008: 7-10). In seiner fünften Poetik Vorlesung, die im Wintersemester 2005/06 an der Goethe-Universität Frankfurt am Main stattfand, stellte Genazino klar, dass die Figur des Flaneurs in der zerstückelten Stadt abgedankt habe und durch einen moderneren Typus ersetzt worden sei. Laut Genazino kann diese Figur noch ungemütlichen Situationen einen Reiz abgewinnen und dabei erfolgreich sein. Der Autor betont, dass der Streuner eine displaced person darstelle, die keinen Platz im Leben finde und von Ausweglosigkeit betroffen sei. Die beschädigte Identität des Streuners spiegelt die beschädigte Gestalt der Metropole wider (Neumann 2011: 150).

Neumann unterstreicht, dass Genazinos Figuren noch immer alle flaneurtypischen Attribute wie zielloses Umhergehen, Benutzung des Stadtraums als Erinnerungsraum und den Journalismus aufweisen. Auch in Genazinos Texten wird das Geschehen wahrgenommen und reflektiert. Und die Figur des Flaneurs dient auch bei Genazino als Funktionsform, um eine spezifische Wahrnehmungsperspektive und flanierendes Denken literarisch zu verarbeiten. Doch die Großstadt, in welcher sich der Flaneur früher erheblich von der Menschenmenge abhob, hat sich verändert (ebd. 153). Denn in der Zeit des Wirtschaftswunders wurden die Metropolen überstürzt aufgebaut, die Städte wurden durch Vororte und Siedlungsstätten im Zuge des strukturellen und wirtschaftlichen Wandels seit den 1970er Jahren entdichtet, sodass, wie Neumann richtig feststellt, der Referenz- und Reflexionsraum verloren gegangen ist. Die Vielschichtigkeit der Städte ist nicht mehr vorhanden, da die neutrale Architektur das Erinnern an die Geschichte unmöglich macht. Neumann betont, dass die heutige Metropole unübersichtlich und kulissenhaft erscheint. Deshalb nennt Genazino, der sich auf einen Architekten bezieht, den Stadtraum der Großstadt als einen *Junk-Space*. Die Zeiten, als der Flaneur durch die mondänen und marmorgetäfelten Passagen spazierte, sind nur noch eine verblasste Erinnerung. Heutzutage zeigt sich die Unübersichtlichkeit der Großstadt in Großmärkten, Shopping-Malls, Fußgängerzonen, Flughäfen und Erlebnisparks (ebd. 154).

Im 19. Jahrhundert nahm die Hausmannisierung der Pariser Innenstadt dem Flaneur seine Umwelt. Wohingegen heute die auf einkaufenden Passanten ausgerichtete Infrastruktur die Existenz des urbanen Müßiggängers bedroht und ihn zu einem heimatlosen Streuner macht (ebd. 155). Dem Streuner gefällt die Fremdheit der rasanten und neuen Welt.

Er möchte wissen, was sich in all der Unübersichtlichkeit als Metropole darstellt (ebd. 156). Neumann stellt fest, dass wegen aufdringlicher Werbung und Waren der Flaneur seine Privatsphäre und die Distanz zur Menschenmenge verliert. Die Penetranz der Waren macht den Flaneur zum Streuner und ist der Grund für die Fluchtförmigkeit seines Umherstreifens. In Umgebungen ohne Diskretion kann es Flaneure deshalb nicht geben. Die Gelassenheit des Flaneurs geht in ein manisches Verhalten über. So kann man festhalten, dass die Krise der Stadt zu einer Krise des Flaneurs geworden ist (ebd. 156-157).

In dem Roman *Ein Regenschirm für diesen Tag* von Wilhelm Genazino ist der Protagonist als Schuhtester unterwegs, was ihn, wie Heiko Neumann sagt, eher zu einem Vagabunden oder Herumtreiber als Flaneur macht. Der Erzähler lebt in einer prekären finanziellen Lage, er trägt nur oberflächliche Charakterzüge eines Flaneurs wie Ziellosigkeit, spezielle Wahrnehmung und der Verkauf von seiner Schreibkompetenz (ebd.158). Den Roman prägen die Motive der städtischen Armut, die sich in Obdachlosigkeit und Verwahrlosung

Frankfurts, der finanziellen Not des Erzählers und der Angst vor einem endgültigen sozialen Abstieg zeigen (ebd.159).

In seinem weiteren Roman *Liebesblödigkeit* von 2005 erfährt der Leser, dass der Ich-Erzähler Menschenansammlungen meidet und sie nicht lange ertragen kann. Er bevorzugt es, mit einer seiner beiden Geliebten Ausflüge in die Natur zu unternehmen, anstatt allein in Frankfurt zu flanieren. Er verspürt wenig Lust, in der Fußgängerzone zu spazieren, und er hat keine gelassene Haltung gegenüber der Menschenmenge. Er zieht außerdem komfortable Gemütlichkeit dem Straßenrausch vor (ebd. 163). Dadurch erkennt der Leser, dass der Ich-Erzähler kein typischer Flaneur sein kann.

2.2 Das Feuilleton: Inhalt und Form der Flaneurtexte

Der Begriff Feuilleton (fr.: `Blatt eines Druckbogens´) hat mehrere Bedeutungen. Zunächst bezeichnet Feuilleton den Kulturteil einer Zeitung, welcher zuerst in der Pariser Presse des frühen 19. Jahrhunderts erschienen ist. Seit 1870 wurde in Wien auch von der „kleinen Form" gesprochen, wenn von Feuilletons die Rede war (Köhn 1989: 9). Das Feuilleton wurde auf dem unteren Teil der Seite platziert und mit einem Strich abgetrennt.

Dies sollte vor allem das Sammeln sowie den Unterschied zu den anderen Beiträgen deutlich machen (Porombka 2009: 268). Seit 1813 sind die nicht-politischen Artikel und Notizen verschiedenster Art auch in deutschen Zeitungen nachgewiesen. Das Feuilleton beinhaltet Besprechungen zu Theateraufführungen, Kinofilmen, Büchern usw. Heutzutage ist die Bezeichnung meist in überregionalen Blättern gebräuchlich. Darüber hinaus ist unter `Feuilleton´ eine publizistisch-literarische Textsorte sowie eine Schreibweise, welche anspruchsvoll, unterhaltsam sowie stilistisch ausgefeilt ernsthafte Themen behandelt, zu verstehen (Drews 1997: 582; Porombka 2009: 264).

Das deutsche Feuilleton weist unterschiedliche Typen auf, die von kulturhistorischen, literarisch-kritischen und philosophischen bis hin zu musikalischen Herangehensweisen reichen. Eine Variante des Feuilletons ist beispielsweise die Berliner Lokalplauderei von Adolf Glaßbrenner oder die „kauzig-dekadente Skizze Peter Altenbergs". Selbstreflexion ist in diesem Fall zu beobachten. Mit der Zeit ist die Rubrik „Feuilleton" zerfallen, da laut Jörg Drews sich die „Feuilletonisten kaum noch als Hüter einer Kultur der deutschen Sprache verstehen". (Püschel 1997: 583) Diese kleine Prosaform bezeichnet man als eine hybride Kunstform, die vielfältig ist. Feste Gattungsmerkmale können dabei nicht genannt werden, da ihre Form jeweils durch den Gegenstand, dessen Behandlung und die verfolgte

Zielsetzung bestimmt wird. Allgemein kann man sagen, dass diese Prosaform im Kulturteil der Zeitung auftritt. Das kleine Prosastück ist prägnant, witzig, anmutig und anschaulich. Außerdem zeichnet sich ein feuilletonistischer Text durch eine besondere Wahrnehmung und Betrachtung aus. Dazu gehört die subjektive und persönliche Form in Darstellung, Sprache und Meinung. Der unterhaltende Text will mithilfe alltäglicher Geschehnisse auf das Wesentliche und Allgemeingültige aufmerksam machen. Des Weiteren gibt es noch das kritisch-politische Feuilleton, das sich publizistisch-literarischer Mittel bedient, um die Leser zu beeinflussen (ebd.584-585).

Das Feuilleton beschränkt sich nicht nur auf die Zeitung, dennoch hängt seine Entstehung eng mit der Geschichte der Zeitung zusammen. Autoren des 18. und 19. Jahrhunderts arbeiteten als Zeitungsredakteure und schrieben für die Zeitung feuilletonartige Texte. Entstanden ist das deutschsprachige Feuilleton im Jahre 1848, in dem ebenfalls als Konsequenz der revolutionären Geschehnisse das politische Wiener Feuilleton entsteht. Die Blütezeit der kleinen Form, welche hohes Ansehen hatte, war in Wien vor und nach der Wende zum 20. Jahrhundert (ebd. 585).

Ab Mitte des 19. Jahrhunderts entstanden immer differenziertere feuilletonistische Reflexionsformen, die als Reaktion auf die sich verändernde Kultur verstanden werden können. Bevorzugt werden boomende Großstädte, die sich durch Unübersichtlichkeit und Schnelligkeit des Alltags auszeichneten, beschrieben. Aus der Sicht eines Flaneurs oder Spaziergängers werden Details des Alltags betrachtet, analysiert sowie pointiert (Porombka 2009: 268). Spaziergänge, Erlebnisse, ungewöhnliche Begegnungen, Plaudereien usw. stehen im Mittelpunkt der kurzen Prosastücke (Köhn 1989: 9-10). Die kleine Form eignet sich gut, um einzelne urbane Müßiggänge in kompakter Form darzustellen und jedes Mal neue Aspekte der Großstadt wahrzunehmen und zu erläutern. Aus diesem Grund hängt das Flanieren mit dem Feuilleton eng zusammen.

In dieser Zeit können sich Autoren, die sowohl journalistisch als auch literarisch begabt sind, etablieren. Mithilfe dieser Kombination entwickeln die Autoren ein ästhetisches Programm und versuchen mit der Veröffentlichung von Zeitungstexten ihren Lebensunterhalt zu sichern (Porombka 2009: 268).

Das Wiener Feuilleton beeinflusste sowohl den deutschsprachigen Raum, besonders Berlin, als auch andere Länder der K.u.k-Monarchie. Andererseits lebten und arbeiteten Wiener Feuilletonisten zeitweise oder längere Zeit in Berlin und wurden von der Stadt geprägt. In der Zeit des Nationalsozialismus erhielten viele Feuilletonisten Berufsverbot.

Es durften nur gleichgeschaltete und unpolitische feuilletonistische Texte veröffentlicht werden, die sich auf belanglose Plaudereien beschränkten. Nach dem Zweiten Weltkrieg verlor das Feuilleton an Bedeutung. Nichtsdestotrotz findet man es in überregionalen Zeitungen, Hörfunk und Fernsehen, wo es sich medienspezifisch weiterentwickelt hat (ebd. 586).

Das Feuilleton oder literarische Reportage, wie sie der Flaneur Joseph Roth nannte, wird aufgrund aktueller Geschehnisse und Entwicklungen geschrieben und eignet sich für die schnelle Lektüre in der Zeitung. Inhaltlich und stilistisch geht das Feuilleton meistens über das Alltägliche und das einmalig Besondere hinaus, sodass der Text dauerhafte Gültigkeit und Tiefsinnigkeit aufweist. Die literarische Reportage kann als Form der Kurzprosa, die zwar in der Zeitung erscheint, aber idealerweise eine dauerhafte Bedeutung aufweist, gelten. Sie zeichnet sich durch eine bewusste Ästhetik, eine literarische Sprache und eine dokumentarisch-berichtende Darstellungsform aus.

Köhn betont, dass die Struktur der Darstellung schwierig zu bestimmen sei. (Köhn 1989: 10). Trotz einer bis heute nicht eindeutigen Definition, orientieren sich die feuilletonistisch Schreibende an den folgenden rhetorischen Parametern:

1. Die Erzählung wird dramatisiert, indem sie in kurzer Form verfasst wird.
2. Der Text wird aus der Sicht eines Ich-Erzählers geschrieben, der scheinbar mit dem Autor identisch ist.
3. Der Autor bringt komplexe und komplizierte Themen dem Leser näher, indem er sie allgemeinverständlich macht und auf den Punkt bringt.
4. Der Autor erfindet die Rahmenhandlung oder einige Passagen der Erzählung.
5. Die Erzählung wird ironisiert, indem sie mehrdeutige Sprechweisen aufweist und nicht darauf bedacht ist, den Leser klar zu informieren.
6. Der Autor greift spielerisch die erwähnten Ereignisse und Sachverhalte aus anderen Zeitungsteilen oder Medien auf.
7. Die Sprache in der Erzählung wird poetisiert, d.h., der Autor spielt mit den sprachlichen Mitteln, sodass sich der Text deutlich von rein informativen und objektiven Berichten abgrenzt. (Porombka 2009: 266).

Feuilletonistische Texte müssen nicht alle genannten Parameter erfüllen, sondern der Autor spielt vielmehr mit dem Gattungsmerkmalen innerhalb einer Feuilleton-Ausgabe (ebd. 267). Das Feuilleton geriet in der Zeit der Jahrhundertwende in Verruf. Die Kritiker warfen dieser Textform Seichtheit, Belanglosigkeit und nutzlose Ästhetik vor, was nicht ganz unbegründet war (Leerhoff 1998: 83). Da es aufgrund der großen Konkurrenz zwischen den Zeitungen vor allem um Verkäuflichkeit ging, stand die Qualität des Textes oft an zweiter Stelle (Köhn 1989: 47).

2.3 Vorbild: Charles Baudelaire

Baudelaire war ein Vorbild für die deutschen Flaneure. Um die verschiedenen Arten des urbanen Müßiggangs verstehen zu können, ist es notwendig sich, auch wenn in aller Kürze, die Dichtung Charles Baudelaires anzuschauen. Mithilfe seiner Poesie sind die zentralen Flanerien in der deutschen Literatur nachvollziehbar. Baudelaire hat die Flaneurtexte deutscher Autoren wie Benjamin, Hessel und Kracauer stark geprägt. Dennoch sind die Erben Baudelaires in ihren Ausführungen nicht so radikal wie ihr Vorgänger. Die deutschen Flaneure sind während ihrer Stadterkundungen nüchterner, objektiver sowie gewissenhafter (Fuest 2008: 103).

Leonhard Fuest betont, dass „Baudelaires monströse Subjektivität sich die Realien seiner Umgebung einzig einzuverleiben scheint, um weiter zu wachsen – ins Unabsehbare, Ungeheure." (ebd.) Baudelaire verstand es gut, sich selbst als flanierender Müßiggänger, Dandy und Melancholiker zu inszenieren. Doch er konnte den ausschweifenden Lebensstil nicht vollständig leben, da er einer Arbeit nachgehen musste, um seinen Lebensunterhalt zu verdienen. (ebd.) Der Dichter verfügte nicht über genügend finanzielle Mittel, um sich vollkommen der Aufgabe des Dandys, sich selbst als lebendes Kunstwerk zu inszenieren, zu widmen. Daraus ergibt sich eine widersprüchliche Definition des Dandytums. Auf der einen Seite stellt der Müßiggang den wichtigsten Indikator für das wahre Dandytum dar. Auf der anderen Seite spielt die Arbeit eine wichtige Rolle für das Überleben. Baudelaires Tagebuchaufzeichnungen sind voller Widersprüche. Seine Aussagen schwanken zwischen der Arbeitsethik des Schriftstellers und dem Gebot des Müßiggangs, zwischen Aufrufen zu Disziplin und Hygiene und solchen zu Rausch und Ausschweifungen (ebd. 104).

Baudelaire nahm die Tableau-Tradition von Mercier wieder auf, wobei er sie in einen neuen Kontext setzte. Die Prosaform des *Tableau de Paris* wird in seinen *Tableau Parisiens,* einem Abschnitt seines *Les Fleurs du Mal (Die Blumen des Bösen),* Baudelaires Hauptwerk, auf die Lyrik übertragen (Keidel 2006: 7). Die feuilletonistische Kleinform wird durch die poetische Transformation reduziert. Anders als die Autoren, die die Themen der Großstadt satirisch behandelten, verarbeitet Baudelaire erstmals die urbanen

Phänomene lyrisch in ernsthafter Weise (ebd. 18). Der französische Schriftsteller konzentriert sich auf das Unbekannte, auf Randphänomene und Randfiguren der Pariser Gesellschaft. Angelehnt an Edgar Allan Poes Erzählung *The Man of the C*rowd, untersucht er das Element der Anonymität der großstädtischen Erscheinungen. Die Hauptfiguren in seinen Gedichten sind Bettler, Greise, Blinde, Prostituierte sowie Strafarbeiter. Diese bewegen sich in heruntergekommenen Stadtteilen von Paris, welche die Zerfallserscheinungen des alten Paris deutlich machen.

Darüber hinaus versucht der Autor das Bleibende aus dem Vergänglichen zu extrahieren. Im Gegensatz zu früheren Flaneurtexten wollen Baudelaires Gedichte weder eine soziale Charakterisierung vornehmen noch den Leser moralisch belehren (ebd. 18). In seinen Arbeiten beruft sich Baudelaire auf den englischen Autor Thomas de Quincey, für den die soziale Sensibilität zu der grundlegenden Eigenschaft des Flaneurs gehört (Köhn 1989: 72).

Die Figuren stehen in einem Wechselverhältnis zu dem Ich-Erzähler des Flaneurs, welcher seine eigene Befindlichkeit in ihnen spiegelt. Außerdem basiert seine *Ästhetik der Moderne* auf den für ihn schockierenden Erlebnissen sowie der Konfrontation mit dem Elend. Matthias Keidel betont, das Subjekt der Gedichte verliere sich ganz in der Wahrnehmung und werde von ihr aufgesogen, gewinne dennoch „aktive und subjektive gesteuerte Reflexion des Geschehenen die eigene Identität gesteigert zurück." (Keidel 2006: 18)

In Baudelaires Gedichten spielt die Lebenswirklichkeit der betrachteten Gestalten eine untergeordnete Rolle. Er kreiert eine Traumwelt, die ihm die Flucht aus der Wirklichkeit erlaubt (Köhn 1989: 61). Vielmehr steht die kreative Schaffensakt im Mittelpunkt (Keidel 2006: 18). In den Gedichten *Tableau Parisiens* ist die Subjektivität des Flaneurs ausgeprägt, der von den Erfahrungen in der Großstadt berichtet. Das lyrische Subjekt hat sich in den Flaneur verwandelt. Die spezifische Wahrnehmung ruft beim flanierenden Ich bestimmte Stimmungen, Wünsche und Ängste hervor. Es herrscht eine radikale Subjektivierung der Perspektive vor, sodass sich für das lyrische Ich die Bedeutung der Dinge verändert (Köhn 1989: 62). Die Art, wie der lauernde Flaneur auf das Unerwartete und Plötzliche reagiert, spiegelt die Schreibbewegung des Textes. Die ästhetische Wirkung der Einzelheiten seiner Gedichte geht weniger von den poetischen Eigenarten aus als vielmehr von dem unerwarteten Verhältnis, in dem sich die einzelnen Elemente befinden (Köhn 1989: 72). Laut Baudelaire müssen sich die Flaneure in dem kleinen

(Bewegungs-)Freiraum prostituieren, den die gesellschaftlichen Mächte dem Einzelnen noch zugestehen, um überhaupt existieren zu können. Diese Käuflichkeit verwandelt er in eine Poetik des flanierenden Dichters (Wellmann 1991: 142).

Baudelaires Wahrnehmung ist so offen wie die eines Kindes. Wie auch der Protagonist in *The man of the crowd* erfasst der Autor alles mit gleicher Genauigkeit, aber ohne die Menschen in gesellschaftliche Stereotypen einzuordnen. Diese Fähigkeit der ersten Blicks zählt zu einer typischen Flaneurperspektive, welche Franz Hessel und Walter Benjamin von Baudelaire übernahmen. Aber auch andere Autoren ließen die großstädtischen Eindrücke als Erstes ungefiltert auf sich wirken (ebd. 19).

Darüber hinaus leitet die lyrische Form den Text nicht ein und lädt den Leser nicht ein, dem Flaneur auf seinem Spaziergang zu folgen, wie es in Feuilletons üblich war. Während des Lesens teilt der Leser die Entfremdungserfahrung des Flaneurs. Das Fremdheitsgefühl, das Baudelaire verspürt, kann man als eine Reaktion auf den radikalen Wandel des Stadtbildes verstehen. Dieser Wandel brachte das gesteigerte Bewusstsein für das Verschwinden von bekannten und gewohnten Ansichten mit sich. Haussmann, der Stadtbaupräfekt Napoleons III., gestaltete in den 50er und 60er Jahren des 19. Jahrhunderts Paris umfassend um. So machte die Altstadt den groß angelegten Boulevards Platz. Einerseits diente das enorme Bauprojekt der Repräsentation, andererseits verfolgte man sozialpolitische Ziele wie eine allgemeine Säuberung der Straßen von Bettlern, Gauklern und Prostituierten sowie eine Ghettoisierung der Arbeiter und Armen (ebd. 19). Die Trottoirs sorgten für eine bequeme und sichere Nutzung der Straßen, sodass die Passagen ihre Bedeutung verloren. Das Flüchtige betonte Baudelaire stets in seinen Schriften. Der schnelle Wandel von Architektur veranlasste ihn dazu, über das Aktuelle und Gegenwärtige zu schreiben. Die ständige Veränderung, das schnelle Altern und Verschwinden, das er in kurzen Augenblicken festhält, wird in seinen Schriften oft thematisiert (ebd. 20).

Des Weiteren konstruiert der Flaneur in den Gedichten eine imaginierte subjektive Vertrautheit während der Begegnung. In dem Gedicht *À une passante* sieht der Flaneur eine vorübergehende Frau, was ihn blitzartig trifft und ihm ein neues Leben aufzeigt, doch der Glanz verfliegt schnell und es entsteht eine melancholische Stimmung. Die dauerhafte Erfahrung des Verlusts (Wandel des Stadtbildes, das Verschwinden prägnanter Figuren aus dem Straßenleben oder das abrupte Ende einer Begegnung) erzeugt bei ihm Melancholie. Der schöpferische Schreibprozess wird durch die Verlusterfahrung ausgelöst und ist für die Melancholie der Texte verantwortlich. Das Wechselspiel von Inspiration und Trauer zeichnet bis heute die Flaneurtexte aus. Zwar sind auch heute Texte mit einer lockeren Beobachtungsart des Feuilletons vorhanden, doch die Kombination aus Verlusterfahrung und Schreibinspiration ist aus dem Berlin der Weimarer Republik und den 70er Jahren des 20. Jahrhunderts nicht wegzudenken (ebd. 20).

Auch in Baudelaires Aufsatz *Le peintre de la vie moderne*, der von der theoretischen Verallgemeinerung der aus der Arbeit an den *Tableaux Parisiens* gewonnenen Erfahrungen der Großstadtdarstellung handelt, geht es um die Vergänglichkeit. Am Beispiel der Zeichnungen des Malers Constantin Guys entfaltet er seine Konzeption einer Kunst der Moderne, die er als „théorie rationelle et historique du beau" bezeichnet. Der französische Schriftsteller ist der Meinung, dass das Schöne nicht in einem zur überzeitlichen Norm gewordenen Kunstwerk vertreten ist, das sich für immer von anderen ästhetisch abhebt. Anhand von Modezeichnungen erklärt er, dass in verschiedenen Zeitepochen unterschiedliche Formen der Kleidung als schön empfunden wurden und in ihrer Gegenwart neu geschaffen wurden, doch jede Mode nach einer bestimmten Zeit der Vergangenheit angehört. Somit gehört zur seiner Modernität die radikale Verzeitlichung des Schönen (Köhn 1989: 63).

Außerdem produzierte Baudelaire auch die kleine Prosaform. In *Spleen de Paris* erzählt, beschreibt und kommentiert er seine anekdotenhaften Texte. Einzelne bizarre Figuren aus den Randbezirken thematisiert er in seinen Texten. Keidel unterstreicht, dass die Figuren ihre besondere Qualität erst als Gestalten in der Menge erhalten. Die Menschenmenge ist essenziell für den Flaneur, damit seine Fantasie und der Rausch der ästhetischen Erfahrung ausgelöst werden. Somit dienen die Menschen auf der Straße Baudelaires Flaneur als Inspiration für die Welt seiner eigenen Fantasie (ebd. 21).

3. Berliner Flaneure bis 1933

3.1 Benjamins *Einbahnstraße* und *Passagenwerk*

Walter Benjamin debütierte als Schriftsteller mit seiner Sammlung an kurzen Prosastücken unter dem Titel *Einbahnstraße* (Köhn 1989: 195). Hessel gehörte zu seinen Freunden, diente Benjamin als Mentor und führte ihn in die Geheimnisse der beiden Metropolen Paris und Berlin ein (ebd. 196). Die Titel der kurzen Prosastücke beziehen sich auf Schilder, Plakate, Reklamewände, Hausfassaden, Schaufenster und Ausstellungsvitrinen in der Großstadt (ebd. 1989: 201). Seine kurzen Texte sind als Produkt zu verstehen, wobei die Inschriften der Schilder in die figürlichen Reden der Texte übersetzt werden (ebd. 205). Diese Prosastücke sind anders als andere Feuilletons keine Straßentexte, sondern eine Textstraße, welche aus dem in Metaphern verwandelten Sprachmaterial der Straße besteht (ebd. 206). Es gibt keine Figur des Flaneurs in seinen Texten, sondern ein flanierendes Denken. Der schnelle Rhythmus einer Denkbewegung, der von der Inschrift eines Schildes ausgeht, wird dokumentiert (ebd. 207).

Wie Keidel betont, ist bei Benjamin der Flaneur eine Identifikationsfigur für das eigene literarische Schaffen, welche den Texten ihre Struktur gibt, ohne dabei selbst zu erscheinen. Benjamin versuchte eine umfassende Theorie des Flaneurs zu verfassen, die ihm aber aufgrund von verschiedener Konzeptionen nicht gelungen ist. Auch wenn Benjamin mit seinem umfassenden Bild des Flaneurs gescheitert ist, hat er dennoch den Flaneur in Deutschland salonfähig gemacht. Zu diesem zählen der Flaneur als Identifikationsfigur des eigenen Schaffens, der Flaneur Baudelaires (als Funktionsform der eigenen Ich-Konstitution) und Hessels (der Flaneur als Ästhetiker des Marginalen). Diese sind auf inhaltlicher Ebene nicht vereinbar (Keidel 2006: 41).

In dem Text *Vereidigter Bücherrevisor*, welcher den Titel eines Hausschildes trägt, geht es um die Reflexionen zur Entwicklungsgeschichte der Schrift. Inspiriert durch ein typisches Schild in einer Großstadt, gibt der Autor dem Leser einen kurzen Überblick über die Entwicklung der Schrift innerhalb der Jahrhunderte. Man erfährt, dass sich die Schrift von der Vertikalen in die Horizontale verlagert hat (ebd. 43), um dann im Zeitalter des Films und der Reklame wieder in die ursprüngliche vertikale Form zu wechseln. Das Medium der Schrift wird aus historischer und philosophischer Sicht näher beleuchtet. Benjamins Vorgehensweise beginnt mit einer Gegenwartsbeobachtung, um sich dann kurz einer historischen Entwicklungsgeschichte zu widmen, die mit einer Prognose endet. Alle Zeitebenen sind in seiner kleinen Prosaform verdichtet. Dieses Denkverfahren richtet sich an keinen strengen Regeln, sondern man kann sagen, dass es flaniert. In der *Einbahnstraße* nimmt der Leser die Rolle des Flaneur ein, der auf der Textstraße flaniert und die sich schnell verändernden Gedankenschritte und -sprünge verfolgt (ebd. 44-45).

Benjamins umfassendes geschichtsphilosophisches *Passagen-Werk*, das vorwiegend in Paris entstand, handelt von der Großstadt Paris, dem dortigen Leben, der Architektur und dem Flaneur. Das 19. Jahrhundert steht im Mittelpunkt, da es die Geburtsstunde des literarischen Flaneurs darstellt. Das *Passagen-Werk* gilt als sehr kompliziert, da seine Gedanken und die Sprache nicht immer nachvollziehbar sind. 1820 entstanden aus praktischen Gründen die Passagen in Paris, also überdachten Durchgänge für Passanten mit Einkaufsmöglichkeiten. Diese ermöglichten das Flanieren und Entdecken von außergewöhnlichen Dingen (Andre 2011: 1). Benjamin beschreibt in seinem *Passagen-Werk* die Situation in der französischen Metropole. Im Paris des 19. Jahrhunderts war es nicht überall möglich, in der Stadt herumzuschlendern, da das Stadtbild des französischen Stadtpaners von Paris Georges-Eugène Hausmann dies nicht erlaubte. Vor allem die Bürgersteige waren meist zu schmal und boten wenig Schutz vor den Fuhrwerken. Deshalb sind die Passagen eine wichtige Voraussetzung für die Bedeutung und Entwicklung der Flanerie. Die Passagen, glasgedeckte, marmorgetäfelte Gänge durch ganze Häusermassen, deren Besitzer sich zu solchen Spekulationen vereinigt haben, waren eine neuere Erfindung des industriellen Luxus. Zu beiden Seiten dieser Gänge erhielten sie von oben Licht. Diese neuen Konstruktionen waren eine Welt für sich und beinhalteten die elegantesten Warenläden. Die Passagen waren eine Kombination aus Straße und Interieur und sind mit den heutigen Einkaufspassagen und Shopping Malls zu vergleichen (Benjamin 1938:129).

In dieser Welt fühlt sich der Flaneur zu Hause, denn hier halten sich die Spaziergänger und Raucher sowie Menschen, die ihr Metier betreiben, auf. Diese Atmosphäre verhilft dem urbanen Müßiggänger zu seinen kleinen literarischen Eindrücken. Die alltäglichen Dinge wie die glänzenden emaillierten Firmenschilder, welche für ihn besser als Wandschmuck sind, werden die Grundlage für seine Texte. Zeitungskioske werden zu Bibliotheken und die „Caféterassen" zu Erkern, von denen aus er nach getaner Arbeit auf sein Hauswesen heruntersieht. (ebd.)

Mit dem Aufkommen der öffentlichen Verkehrsmittel änderte sich die Lebenssituation für die Großstädter. Denn nun waren die Menschen in Omnibussen, den Eisenbahnen und in

Tramways den Blicken anderer Mitfahrender für Minuten oder Stunden ausgesetzt, ohne dass jemand ein Gespräch aufnehmen musste. Deshalb ist die Aktivität des Auges bei den Großstädtern besonders ausgeprägt gegenüber dem Gehör. Im neuen Zustand fühlten sich die Menschen unbehaglich, denn die Menschenmassen waren ihnen unbekannt und somit für sie potenziell gefährlich. Walter Benjamin betont, dass in der Großstadt die Masse als Asyl für die Asozialen dient, um vor ihren Verfolgern zu schützen. Die Menschenmassen in Metropolen eignen sich außerdem gut für eine Detektivgeschichte. Auch der Flaneur kann mit einem Detektiv verwechselt werden, da er als Beobachter und durch seinen langsamen Gang auffällt. Diese Verwechslung findet der Flaneur amüsant, denn sie legitimiert seinen Müßiggang (ebd.130).

3.2 Kracauers melancholische Flanerie

Wie Neumeyer in seiner Dissertation zu Recht klarstellt, zeichnet sich Kracauers Flanerie durch eine melancholische Wahrnehmung des urbanen Müßiggängers aus. In seinen Spaziergängen taucht der Flaneur in die Metropole ein und stellt seine Subjektivität hinter das, was er auf der Straße wahrnimmt (Neumeyer 1999: 332-333). Seine Beschreibungen der Stadt bedienen sich des expressionistischen Topos der Großstadtstraße als „Sinnbild des Untergangs" (Köhn 1989: 231). Es besteht dennoch Hoffnung auf Erlösung. (ebd. 232). Oberflächenphänomene des Großstadtalltags gehören zu seinen Beobachtungen (ebd. 242).

Kracauers zentraler Befund ist, dass die Krise in der Metropole allgegenwärtig ist und die Großstadt somit eine Krisenlandschaft darstellt. Der Flaneur macht in seinen Texten deutlich, dass eine politische Veränderung notwendig ist, um diese Krise zu beseitigen. Dies erreicht der urbane Müßiggänger, indem er gesellschaftliches Elend darstellt. Der Flaneur selbst ist in der bestehenden Krisenlandschaft ständig ein Wartender (ebd. 243). Des Weiteren nimmt Kracauers Flaneur eine analytische Perspektive ein und beobachtet z.B. die Leere der Seitenstraßen, das flüchtige Kommen und Gehen neuer Betriebe sowie die Selbstverblendung der Geschäftsleute. So erstellt der Erzähler Georg in dem gleichnamigen Roman *Georg* eine Gegenwartsanalyse der gesellschaftlichen Gewichtungen in Berlin (ebd. 334). Darüber hinaus steht der Flaneur immer wieder vor neuen Abgründen. In *Straße ohne Erinnerung* wird die Atmosphäre des Abschieds deutlich, als es um den Abriss eines Hauses geht (ebd. 336).

Im Gegensatz zu Hessel, der den Modernisierungsprozess und die Veränderung der Stadt als einen Verlust von Heimat sieht, empfindet Kracauer diesen Verlust nicht, weil er seine Kindheit nicht in Berlin verbracht hat. Der Verlust von Geschichte und Tradition löst in ihm hingegen eine Leere von Zeit und Raum aus. Dieses Zwischen von Nicht-Mehr und Noch-Nicht der Modernisierung tritt andauernd auf. Es geht Kracauer auch nicht wie Hessel darum, die Vergangenheit der Metropole einzuholen, um Tradition zu stiften, Kontinuität herzustellen und so die Abgründe im Zeit-Raum der Großstadt zu schließen (ebd. 337-338).

In Kracauers Schriften flanieren die Arbeitslosen, die vom wirtschaftlichen Produktionsprozess ausgegrenzt sind. Die Menschen können sich wenig leisten, deshalb flanieren sie und betrachten die Kinoplakate und haben eine Möglichkeit sich zu zerstreuen und für kurze Zeit ihre finanzielle Notlage zu vergessen. Kracauer sieht den Veränderungsprozess Berlins kritisch, denn wirtschaftliches Profitstreben herrscht in der Metropole und alles, was nicht rentabel ist, wird abgelehnt. Anders als Hessel, der die Armut Berlins beschönigt, sieht der melancholische Blick Kracauers in der Flanerie einen „erzwungenen Müßiggang", der nicht daher rührt, dass niemand eilt, weil man keinen Nutzen für die Großstadt darstellt. Köhn stellt fest, dass seine Flanerie darin besteht, den politischen und sozialen Bereich Berlins wahrzunehmen und diesen für den Leser analytisch aufzuschließen.

Wenn persönliche Erfahrungen des Ich-Erzählers erwähnt werden, dann nur, um als Beispiel für seine Analyse zu dienen. Er möchte die ökonomischen Bedingungen der Gegenwart aufklären sowie die Verklärung der ideologischen Zurechtmachung der Wirklichkeit, wie beispielsweise die Bezeichnung der Flanerie als „Schatz der Armen" durch Hessel sowie die Verschönerung des Kurfürstendamms, revidieren (ebd. 339-340).

Kracauers Flaneur bezieht sich in seiner Funktion auf den Modernisierungsprozess. Er inspiziert dessen soziale, politische sowie auch historische Konsequenzen. Dieser kann die dauerhafte Erfahrung der modernen Lebenswelt, welche die Leere von Zeit und Raum einschließt, nicht überwinden. Denn um das Wahrgenommene analysieren zu können, muss sich der urbane Müßiggänger immer wieder in den Abgrund begeben und sich darauf fokussieren. Er ist bestrebt, die Moderne in ihrem gesamtgesellschaftlichen Zusammenhang aufzuklären (ebd. 341).

3.3 Walsers experimentelles Flanieren

Wie Köhn betont, zeigen sich schon in Robert Walsers frühen kleinen Prosastücken wie im Text *Guten Tag Riesin* die für den Schriftsteller typisch spezifischen Elemente seiner Flanerie. Der Ich-Erzähler betrachtet die Straße als Bühne, auf der er am frühen Morgen unterschiedliche Gestalten flüchtig beobachtet. Abgesehen von der Straße nimmt der Flaneur einen Beobachtungsposten ein, der keine Aufmerksamkeit auf ihn lenkt. So beobachtet er, teilweise stundenlang, unauffällig in Stehbierhallen, Theaterfoyers, Parks, Markthallen und Vergnügungsetablissements (Köhn 1989: 137).

Die Flüchtigkeit des Gehens und Sehens bestimmt bei Walser die Textstruktur. Der Flaneur nimmt kurz eine Erscheinung wahr und geht daraufhin zur nächsten. Harald Neumeyer nennt sein „Vorüber" als Charakteristikum großstädtischen Erlebens (Neumeyer 1999: 197). In *Guten Tag, Riesin* passt der urbane Müßiggänger seine Gehbewegung der Menschenmenge an, wodurch er nur flüchtige Momente festhalten kann. Dadurch nimmt er die Rolle eines Passanten ein, für den die anderen schnell vorübergehende Menschen sind. Auch für die anderen ist der Müßiggänger ein schnell Vorübergehender (ebd.202).

Die Texte Walsers zeichnen sich durch eine heterogene Struktur aus, die Leseranreden, das Spielen mit der Sprache, subjektive Bekenntnisse sowie reflexive Abschnitte beinhalten kann. Seine kleine Form unterscheidet sich von den bisherigen kunstbestimmten Ausprägungen. Dazu gehört das Abschweifen, das Experimentieren mit der Sprache und die freie Beziehung von Darstellungselementen. In seinem Werk *Berlin und die Künstler* dient ihm das Gesehene dazu, der eigenen Fantasie freien Lauf zu lassen. In diesem Punkt lehnen sich Walsers Texte an Baudelaires Vorgehensweise an, aus dem Beobachteten eine Geschichte zu fantasieren. Dabei liegt sein Fokus auf dem Menschen und nicht auf der Architektur oder anderen leblosen Dingen (ebd. 138-139).

Darüber hinaus zeigen Walsers Texte gesellschaftskritisches Bewusstsein. Als Beispiel nennt Köhn das kleine Prosastück „Berlin W", in dem der Flaneur sich nicht vom Glanz der Schaufenster und Kaufhäuser blenden lässt, sondern das soziale Elend in den Vorstädten und Hinterhöfen herausstellt. Außerdem stellt Köhn fest, dass in Walsers Texten erst in der Nacht das bürgerliche Publikum die Großstadtstraße zum Ort der unterdrückten Wünsche nutzt (ebd. 140-141).

Im Jahr 1913 kehrt Walser in seine Heimat Biel zurück und flaniert in der Kleinstadt, wobei das Flanieren in der Kleinstadt eher eine Ausnahme für die urbanen Müßiggänger darstellt. Doch Walser imaginiert, er befände sich in einer Metropole. Anders als in Berlin ist das Überraschende des Unbekannten nicht vorhanden, sondern der Flaneur sieht sich dem Überraschenden des Vertrauten gegenüber. Wie auch in der Metropole reizt es den Flaneur an der Kleinstadt, wenn die Straße zum Schauplatz des Unbekannten oder zum Ort einer spontanen Kommunikation mit Fremden wird (ebd. 142-143).

In seiner Heimatstadt Biel ruft ein Tannenwald in ihm höchste Glücksgefühle hervor, die jedoch kurze Zeit später zu einer Todessehnsucht werden. Er assoziiert mit dem Wald ambivalente Empfindungen. Die im Wald eintretenden Todesfantasien entsprechen dem gegenteiligen Effekt der Natur, und zwar jenem, als Inspirationsquelle zu dienen. Die traditionelle Funktion der Natur ist hier somit entzogen (ebd. 143-144).

Die Redaktionen, Kritiker und das Publikum schienen Walsers kleine Prosastücke als sprachliche Experimente nicht zu würdigen, was den Autor, wie Köhn richtig feststellt, verbitterte. Der Autor kritisierte die Trivialware, die nur auf kommerziellen Erfolg abzielt. Doch er fand sich mit den Bedingungen des Marktes ab, weil er sonst keine Wahl hatte (ebd. 145).

3.4 Das Ende der literarischen Flanerie nach 1933

Die Berliner Flaneurtexte, die in Anthologien erschienen sind, wurden größtenteils im Feuilleton bürgerlich-liberaler Blätter veröffentlicht. Bedeutende Foren für die unkonventionellen Texte stellten Zeitungen wie *Vossische Zeitung, Berliner Börsen-Courier, Frankfurter Zeitung, Berliner Tageblatt* sowie Zeitschriften *Weltbühne* und *Tage-Buch* dar. Weder in sozialdemokratischen noch in politisch radikalen Blättern oder in der rechten Presse gab es Platz für die Spaziergänger oder Müßiggänger (Otto 1998: 161).

Um 1930 wurden die Flaneure von den Rechtsradikalen als wurzel- und artlose Asphaltliteraten bezeichnet. Wurzellos deshalb, weil sie nicht dem deutschen Volkskörper entwachsen waren. Unter *artlos* versteht man rassisch minderwertig, d.h. in den meisten Fällen jüdisch. Die Rechtsradikalen bezeichneten sie als `Asphaltliteraten´, da Asphalt im symbolischen Sinne sowohl Inspirationsquelle als auch Schaffensort des Literaten darstellt. Auf der Straße oder in anonymen Orten wie Theatern, Kinos, Kauf- und Kaffeehäusern ist der Flaneur zu Hause. Den Nationalsozialisten zufolge könne der Asphaltliterat kein Vertreter deutscher Kultur sein, da er eher Zerstörer der deutschen Landschaft sei. Des Weiteren wurde den Flaneuren unterstellt, dass es in ihren Texten an Verbindung zu den deutschen Wiesen und Wäldern mangele (ebd. 162).

Vor dem Zweiten Weltkrieg war der Potsdamer Platz der verkehrsreichste Platz Europas.

Ein Verkehrsturm mit Normaluhr war sein Wahrzeichen. Die erste Ampelanlage Deutschlands, die 1924 errichtet wurde, unterstützte den Schutzmann bei der Regelung des Verkehrs. Trotz der Neuerungen kontrollierte der Schutzmann die wichtigen Kreuzungen der Stadt. Der Schutzmann hatte für stattliche Ordnung und Macht zu sorgen, wodurch Freiheiten des einzelnen Verkehrsteilnehmers unterbunden wurden (ebd.163).

Während des NS-Regimes musste alles eine Funktion haben. Das Wandern und Marschieren zog man dem Spazieren oder Flanieren vor, da diese Tätigkeiten im Gegensatz zu letzteren mit körperlicher Anstrengung assoziiert wurde und somit eine bezwingende und ehrgeizige Note hatten. Die Bewunderung für das Militärische ging bei manchen Bürgern so weit, dass sie häufig das Wort „spazieren" durch „patrouillieren" ersetzten. Der Flaneur hingegen beobachtet, um die Geschehnisse zu verstehen und nicht, um sie zu kontrollieren. Die Nationalsozialisten hielten das Flanieren für eine undisziplinierte Fortbewegung, die nach der Machtergreifung endgültig ihr Ende fand. Nun marschierten die Nazis zielgerichtet auf dem Kurfürstendamm. Und es dauerte Jahrzehnte, bis die literarische Flanerie wiederaufgenommen werden konnte und ihre Renaissance erlebte (ebd.).

4. Flaneure ab 1980 in Deutschland

4.1 Tendenzen des urbanen Müßiggangs

Die literarische Flanerie in Deutschland kam vermehrt in den 80er Jahren wieder auf, denn in den zerstörten Städten der Nachkriegszeit war es unmöglich gewesen, zu flanieren, und die Menschen waren mit der Sicherung ihrer Existenz beschäftigt. Schon in den 70er Jahren flanierten die deutschen Autoren in Metropolen wie Paris oder Rom. Auch die wissenschaftlichen Arbeiten handeln meistens von den Flaneuren bis 1933. Die von Matthias Keidel vorgestellten Flaneure beziehen sich auf die traditionelle literarische Flanerie, doch sind neuere Texte variationsreicher, verspielter und reflektierter geworden. Das Leben des Flaneurs wird oft in den Mittelpunkt gestellt, was den Texten eine autobiografischen Note verleiht. Die typischen Phänomene wie Medien, Entfremdungserlebnisse in der Stadt und die dadurch entstehende Melancholie spielen auch heute eine wichtige Rolle. Des Weiteren erkennt man die Verfallserscheinungen, Verschlechterung und Verwahrlosung der Großstädte und Menschen in den gegenwärtigen Texten, wie Wilhelm Genazino es in seinen Texten exemplarisch aufzeigt (Keidel 2006: 101).

Keidel betont in seinen Textanalysen, dass der Flaneur als Funktionsform begriffen wird, da es den Flaneur als Sozialfigur in Deutschland nie gegeben hat. Die Autoren der Flaneurtexte haben jeweils andere inhaltliche Schwerpunkte, doch alle haben eine ähnliche Fragestellung und Thematik. Keidel erkennt in seinen Analysen unterschiedliche emotionale Färbungen, die jedes Jahrzehnt (70er, 80er und 90er Jahre) aufweist. Im Folgenden werden einige Flaneurtexte, die Keidel analysiert, vorgestellt, um die Gemeinsamkeiten und Unterschiede zwischen den traditionellen und den neueren Feuilletons aufzuzeigen. Die Texte aus den Flaneurbüchern von Botho Strauß, Bodo Morshäuser, Richard Wagner und Jochen Schimmang werden kurz vorgestellt (ebd.).

4.2 Urbane Müßiggänger in Berlin

Botho Strauß´ *Paare, Passanten*, das 1981 erschienen ist, gewinnt seine Erkenntnis vom besonderen Detail, um dann ins Allgemeine zu weisen. Er konzentriert sich auf die für ihn stärksten Herausforderungen der menschlichen Existenz. Dazu zählen die Liebe und der Tod (ebd.). In seinen Prosastücken übt Strauß Medienkritik und beschreibt ein grundlegendes Entfremdungsgefühl. Er beklagt sich über den Geschichtsverlust und Gegenwartshörigkeiten im Stadtraum Berlins, was ihn mit Kracauer und Benjamin verbindet. Seine Analyse der deutschen Gegenwart, die Entfremdungsgefühle auslöst, fällt pessimistisch aus (ebd. 102). Der Autor stellt die Gegenwartsanalysen der mechanisierten Welt der Remythisierung des Alltags gegenüber, was möglich macht, die in *Paare, Passanten* erscheinenden Figuren auf existenzielle Fragen zu beziehen (ebd. 103).

Bodo Morshäusers Erzählung *Die Berliner Simulation* von 1983 kann man als ein Zeitdokument begreifen, das sich der Bewahrung des jüngst Vergangenen widmet, was eine klassische Aufgabe der Flanerie darstellt. Es werden Brücken in die Vergangenheit geschlagen. Genauso wie Botho Strauß kritisiert Morshäuser die inszenierten Geschichtsshows. Darüber hinaus gehören zu Morshäusers Themen die Ausländer, wobei sie das Fremde repräsentieren und den Eindruck von Internationalität vermitteln (ebd. 123).

Der literarische Tonfall unterschiedet sich von dem der 70er Jahre, dennoch sind die Spuren der Entfremdung im Stadtbild vorhanden. Der Umgang mit dieser Fremde hat sich in den 80er Jahren verändert. An die Stelle der Klage ist die anarchische Selbstinszenierung getreten, wobei nicht um jeden Preis inszeniert wird, sodass es sich nicht um eine mediale Inszenierung geht. Der Umgang mit Entfremdungserscheinungen ist selbstbewusster und verspielter geworden und es gibt eine größere Variationsbreite an Erzählformen. Des Weiteren zeichnen sich die Texte durch eine ironische Herangehensweise und einen größeren Raum für die Handlungselemente aus, was sie weniger tiefsinnig erscheinen lässt. Außerdem weisen Morshäusers Texte eine Vielzahl an thematischen Konstanten und formalen Rahmenkriterien auf (ebd. 123-124).

Jochen Schimmangs Flaneurbuch *Vertrautes Gelände, besetzte Stadt* vom 1998 bezieht sich auf die klassischen Feuilletons von Hessel und Benjamin sowie auf die französischen Flaneure. Die 90er Jahre ermöglichen verschiedene Variationen der literarischen Flanerie. Schimmang wechselt zwischen unterschiedlichen Spielformen wie essayistischen Ausführungen zur Urbanität, Detailbeobachtungen eines nicht lokalisierten Erzählers und einem direkten Bericht des Flaneurs. Die Spannung des Buchs entsteht durch eine kritisch-reflektierte Sprache und naive Begeisterung. Die Texte zeichnen sich durch melancholische Erinnerungen, Empathie und Identifikation mit den beschriebenen Figuren sowie durch die häufige kindliche Perspektive und deren Reflexion aus. Jedoch bedauert der Erzähler nicht die großen Veränderungen im städtischen Kontext. Ihm geht es vielmehr und das

Lebensgefühl der neusten Urbanitätsformen wie Shopping-Malls, Mediaparks und andere Konsumwelten. Des Weiteren reflektiert er über Film sowie die Wahrnehmung als Passant und als Autor. Dank Jochen Schimmang wird der Begriff des Flaneurs in reflektierter Form im Feuilleton gebraucht und nicht nur oberflächlich als ein konsumwilliger Passant verstanden (Keidel 2006: 168).

Richard Wagner, der sich selbst als Flaneur bezeichnet und auch von den Kritikern so genannt wird, bezieht sich in seinen Büchern *In der Hand der Frauen und Giancarlos Koffer* auch auf die thematischen und formalen Traditionen der Flaneurtexte. Er führt einige Neuerungen in seinen Texten ein, wechselt zwischen dem spezifisch hedonistischen und dem naiv-ironischen Literaturstil der 90er Jahre und verbindet dies mit seiner flanierenden Wahrnehmung. Aufgrund seiner Biografie – Wagner stammt aus Rumänien – besitzt er einen doppelten Blick, welcher die Gegenwart der westlichen Großstädte unterschwellig mit den Erfahrungen in einem totalitären System vergleicht. Seine Perspektive ist durch den doppelten Blick tiefsinnig, aber nicht schwermütig. Zudem vermeidet er spielerisch eine moralisierende Haltung. Ganz innovativ ist seine häufige Vorgehensweise, die Deutung des Geschehens anderen Figuren, meist Frauen, zu überlassen oder ganz auf diese zu verzichten. Er verlässt die bewährte Methode des souveränen Ich-Erzählers, der sich mehr auf Interpretation als auf Beschreibung konzentriert (ebd. 148).

Bei Wagner treten keine Entfremdungsgefühle auf, da es bei ihm keinen Sinn als Denkkategorie gibt und weil er nur ästhetische Probleme bewertet. Da Wagner kein Einheimischer in Berlin und einem totalitären System entkommen ist, konnte er sich schriftstellerisch entfalten und die erwähnte Entfremdung tritt bei ihm nicht auf. Sein naiver Schreibstil gilt als Vorbild für die 90er Jahre. Der Autor vermeidet einen wissenschaftlichen Diskurs über Urbanitätsformen und die verbliebenen Möglichkeiten von Stadtwahrnehmung. Keidel betont, dass er sich vielmehr auf sein biografisches und episodisches Erzählen als Flaneur konzentriert und dies literarisch überzeugend umsetzt. Neu bei Wagner ist auch die Identifikation des Flaneurs mit der Alltagswirklichkeit der Passanten (ebd.).

5. Die Wahrnehmung der Flaneure in Berlin und Frankfurt

<u>Wahrnehmung von Hessels Figur</u>

Hessels Flaneur ist eine Figur der Differenz, denn er ist der Langsame inmitten der Eiligen und Geschäftigen. Die Gesten und Blicke der Berliner der 20er Jahre sind von Zwecken gelenkt. Im Gegensatz zu seinen Mitbürgern erlaubt er sich den Luxus frei schwebender Aufmerksamkeit. Hessel lässt die Blicke der Berliner und des urbanen Müßiggängers aufeinandertreffen (Müller 1997: 75).

In *Spazieren in Berlin* geht der Erzähler langsam und ziellos durch die Straßen und Stadtteile Berlins, was misstrauische Blicke sowohl in den Menschenmenge als auch in stilleren Vorstadtgegenden hervorruft. Dem harmlosen Schlenderer wird aufgrund seiner auffällig ziel- und zwecklosen Bewegung unsichtbare Ziele und Zwecke unterstellt. Den intentionslosen Blick nehmen die Berliner als eine provokante Geste auf (ebd. 76).

Lothar Müller stellt fest, dass Hessel mittels seiner speziellen Wahrnehmung die Großstadt in ein phantasmagorisches Kaleidoskop verwandelt. Durch dieses optische Gerät, welches Trugbilder erzeugt, sieht der Flaneur. Die Welt ist durch Zauber und Gelassenheit gekennzeichnet. Zu betonen ist, dass seine Wahrnehmung der Dinge diese ihrer Eigenlogik beraubt und ihren Zwecken entfremdet (ebd.).

Das Spazierengehen in der Großstadt der 20er Jahre ist laut Müller als anachronistisch und nicht als zeitgemäß anzusehen, da Berlin durch Tempo und Betrieb bestimmt war. Als Gegensatz zum beschäftigen Berliner erhebt Hessels Figur den Anspruch, das alte Recht des Genusses und der Muße mitten in der Modernität, auf der Straße Berlins, zum Ausdruck zu bringen (ebd. 76).

Wegen ihres Unverständnisses blicken die eiligen Passanten den Ästhetiker des Marginalen misstrauisch an. Doch er lässt sich nicht entmutigen und blickt auf seine „lieben Berliner Mitbürger" gelassen zurück (ebd. 77).

<u>Die Wahrnehmung in Genazinos Spaziergänger-Prosa</u>

Genazinos Werke zeichnen sich durch zwei Erzähltendenzen aus: Reflexion und Distanz. In dem Buch *Schwebeglück der Literatur. Der Erzähler Wilhelm Genazino* von Anja Hirsch unterstreicht die Autorin, dass die Erfahrung, von Fremdheit umgeben zu sein, für Wilhelm Genazinos Figuren prägend ist. Das Schreiben hilft dem Autor, die Welt nicht als allzu fremd zu betrachten. Diese Fremde kann er nicht beseitigen, sie wird vielmehr in

Sprache transformiert, wie es für das Erzählen in der Moderne typisch ist (Hirsch 2006: 13).

Die Befindlichkeit des Individuums ist in Genazinos Werken ein wichtiger Anhaltspunkt. Diese Befindlichkeit kann mittels der Reflexion zum Ausdruck gebracht werden. Daraus ergeben sich nicht selten fortspinnende Grübeleien und Deutungsspiele. Die Wahrnehmung von Genazinos Figur steht über den Handlungsverläufen. Das „Wie" überwiegt immens gegenüber dem „Was" (ebd.). Die Antihelden/Spaziergänger in Genazinos Stadtgänger-Prosa empfinden immer wiederkehrende Emotionen wie „Melancholie, Scham, Schuld, Angst, aber auch Lust, Staunen, Rührung". (ebd. 17)

Darüber hinaus sind Sehen und Gehen der Ausgangspunkt der Reflexion in der Spaziergänger-Prosa. Das erklärt die tendenziell knappen Episoden seiner Müßiggänge. Genazinos Werke sind allgemein im Laufe der Jahre kompakter geworden (ebd. 17-18).

Reflexion und Distanz

Laut Anja Hirsch gehört das Reflektieren zu der Haupttätigkeit der Figuren in Genazinos Streuner-Texten. Sie nennt dies einen Reflexionszwang, der Weiterproduktion und Fantasie beinhaltet. Das Gesehene wird abgewogen, bewertet und es wird mit den eingetroffenen Details gespielt. Das Ergebnis kann den Leser verstören oder beruhigen. Die Reflexion dient außerdem einer bestimmten Form der Aneignung von Wirklichkeit, welche nicht durch Aktionen, sondern über Denken, innere Monologe und Erfindungen entsteht (ebd. 18).

Reflexion kann zur Enthüllung oder zu einer versuchten Verhüllung der inneren Befindlichkeit beitragen. Des Weiteren unterscheidet man zwei Ebenen der Reflexion: Erzählweise und Anschauung (ebd. 20). Laut Hirsch stellt Distanz eine unerlässliche Kategorie in Genazinos Schreiben dar. Sie klafft zwischen Subjekt und Gesellschaft. Mittels der reflexiven Tätigkeit des Protagonisten entsteht oder schwindet Distanz. Die distanzierte Haltung ergibt sich aus dem Gefühl von Fremdheit. Sie ist auch Strategie, um das Fremde ertragen zu können (ebd. 21).

5.1 Reales Flanieren: Tiergarten

In der Episode *Tiergarten* flaniert der Erzähler durch den Tiergarten, wobei die Gegenwart, die Kindheitserinnerungen und die Geschichte des Tiergartens ineinander verschmelzen (Hessel 1984: 160-166). Wie in Benjamins Text *Vereidigter Bücherrevisor*, sind mehrere

Zeitebenen in seiner kleinen Form verdichtet. Sowohl Gegenwartsbeobachtung als auch historische Entwicklungsgeschichte werden berücksichtigt. Zunächst verlaufen die Ereignisse in natürlicher Reihenfolge und orientieren sich an der langsamen Bewegung des Flaneurs. Das reale Flanieren zeichnet sich dadurch aus, dass kein Zeitabstand zwischen dem Erzählen und dem Erzählten vorhanden ist. Dies äußert sich durch das Verwenden des Präsens und des Verbs der Bewegung *gehen*. Auf der zweiten Seite wechselt der Text in die Vergangenheit, die den Tiergarten seit dessen Anfang beschreibt. Kurz vor dem Ende der Episode tritt der Erzähler wieder in der Gegenwart auf, um anschließend wieder in die Vergangenheit seiner Kindheit abzutauchen.

Entgegen seiner Absicht verfolgt der Erzähler doch ein Ziel. Und zwar möchte er ein Denkmal aus seiner Kindheit wiederfinden, um in nostalgische Erinnerungen zu verfallen und zu zeigen, dass die Berliner eine gemeinsame Vergangenheit haben. In dieser Episode erkennt der Leser eindeutig den synthetischen Blick des Flaneurs, der durch die Augen eines Kindes die Welt erleben möchte. Die Erinnerungen an die Kindheit erzeugen eine idyllische Atmosphäre, was vor allem an der wohlwollenden und vertrauten Sprache liegt.

Der Text fängt mit einer geheimnisvollen Atmosphäre an, als der Erzähler an einem Herbstsonntag in der Dämmerung durch den Tiergarten geht und das Geschehen wahrnimmt:

Herbstsonntag. Dämmerung... Die Erde dampft ein wenig, nicht so feucht wie Feld, mehr wie Kartoffelacker. Auf den vielen, vielen ins Halb-und Ganzdunkel verstreuten Bänken an den schlängelnden Pfaden sitzen Liebespaare. Manche scheinen mir noch ein bißchen ungeschickt in der Liebkosung, sie könnten von einem Pariser Arbeiter, der sein Liebchen streichelt, lernen. Manche haben für ihre Zweieinsamkeit eine ganze Bank erwischt, aber auch die, welche mit anderen Pärchen teilen müssen, lassen sich nicht stören. (Hessel 1984: 160)

Er schaut auf die in der Dunkelheit sitzenden Liebespaare, die sich den Tiergarten als einen geheimen Ort ausgesucht haben. Da es dunkel ist und diese abgelenkt sind, kann er sie genauer anschauen, ohne wie in dem Feuilleton *Der Verdächtige* aufzufallen. Das Beobachten von Menschen in Parks gehört zu den häufigen Themen der Flanerie. Es handelt sich anscheinend um eine Art Liebesallee, die durch die eingeschränkte Sicht und die sich schlängelnden Pfade geheimnisvoll wirkt. In einer lockeren Sprache und mit einem Lächeln beschreibt er das Gesehene. Dabei steht er, wie für einen Flaneur üblich, den Menschen beobachtend und distanziert gegenüber. Der Flaneur bemerkt, dass einige junge Männer noch unerfahren in Sachen Liebe sind, und stellt diese dem Pariser Arbeiter gegenüber, welcher seiner Meinung nach geschickter mit seiner Partnerin umgehen kann. Dabei ist sein Blick gutmütig und verständnisvoll. In umgangssprachlicher Manier fügt er hinzu, dass einige Paare sich eine Bank teilen, andere hingegen haben für ihre „Zweieinsamkeit eine ganze Bank erwischt" (ebd.).

Im zweiten Absatz nennt er den Grund für seinen Müßiggang. Und zwar möchte er den „bärtigen Apoll seiner Kinderspielplatzes" finden. Die Spannung erzeugt der Flaneur, indem er sich auf die Suche nach dem Apoll begibt. Zunächst scheint dies nicht zur Flanerie zu gehören. Doch bei genauer Betrachtung versucht der Flaneur dadurch Tradition zu stiften und die letzten Spuren des nicht mehr vorhandenen Spielplatzes festzuhalten. Immer wieder macht er kurze Bemerkungen zu dem Gesehenen oder Gedachten und reflektiert somit über die Objekte. Über die Skulptur des Apoll zum Beispiel hat er sich informiert, und zwar, wie er sagt, hat er gelernt. (ebd.) Da er die Tradition Berlins hervorbringen möchte, ist er auf die Recherche in einer Bibliothek angewiesen. Dieses Denkmal ist nicht nur für den Flaneur von Bedeutung, sondern kommt im Reiseführer Baedeker vor und zeigt somit, dass es von den Touristen aufgesucht wird und dass es für die Berliner Kultur bedeutend ist.

Dann fügt er hinzu, dass er den Apoll nicht findet und sich stattdessen am Goldfischteich verirrt. Auf der Suche nach dem Apoll geht seine Odyssee an verschiedenen Denkmalpfaden vorbei. Es entsteht der Eindruck, dass er sich in einem Labyrinth befindet, das wie der Flaneur unvorhergesehene Wege bereithält. Er stößt auf unterschiedliche Denkmäler und Skulpturen und beschreibt diese liebevoll und ausführlich und versucht sie zu deuten.

Während er dem von ihm weit entfernten Dreimusikerdenkmal wenig Beachtung schenkt, geht er lieber zu den Putten „in den natürlichen, von Buschwerk gebildeten Nischen." (ebd.) Sein Desinteresse für die berühmten Komponisten zeigt sich in seiner saloppen Ausdrucksweise, wenn er die Halbfiguren in den Nischen „weitab liegen lässt." (ebd.) Da ein Flaneur sich für die unscheinbaren Dinge interessiert, ist das von Touristen aufgesuchte Dreimusikerdenkmal für ihn unbedeutend. Die kindlichen Gestalten dienen aus seiner Sicht in erster Linie als Dekoration. Er sieht ein „Merkurbübchen mit Flügelkappe und Schlangenstab", das neben seiner „winzigen nackten Landwirtin mit einer Garbe" steht und sie streichelt. Dieses Bild lässt auch an eine Fortsetzung der Liebesallee denken und die Putten können auch die Liebe symbolisieren. Hessel, der sich für die römische Mythologie interessiert hat, versucht die Symbolik zu entschlüsseln und vermutet, dass es sich um ein Bündnis zwischen Handel und Landbestellung handelt. Am gegenüber liegenden Ufer findet er noch „einen Putto mit preußischer Pickelhaube und einer Art Seitengewehr bei einem Mitmännlein, das von ihm weg Tuba bläst." (ebd.) Die beiden erinnern den Erzähler an „reizende Allegorien der Porzellanmanufaktur." (ebd.) Er betrachtet diese Figuren aus ästhetischer Sicht und lässt die kriegerischen Aspekte dieser Putten weg.

Als nächstes sieht er weitere Putten, die teilweise zerstört sind, sodass er nicht identifizieren und erraten kann, was sie bedeuten. Diesen beschädigten Zustand findet er „besonders schön" (ebd.). Daraufhin sagt er: „Das soll kein ästhetisches Urteil sein! Mit Ästhetik komme ich nicht weiter, muß es auf andere Art versuchen." (ebd.) Diese Bevorzugung lässt sich erklären, wenn man Hessel als Befürworter der Neuen Sachlichkeit betrachtet. Wie Lothar Müller richtig feststellt, beseitigten die Architekten des Neuen Bauens den Gründerzeitschmuck aus dem öffentlichen Stadtraum. Diese Modernisierung wurde durch das Abschlagen von Hausschmuck gewährleistet. Die moderne Stadt ist durch den asketischen Rigorismus gekennzeichnet, der das Ornament als Feind ansieht. Die letzten Spuren der zivilisatorischen Anstrengungen wurden beseitigt. Des Weiteren gehören die Putten der domestizierten Weiblichkeit an (Müller 1997: 75-104).

Als er weiter geht, sieht er flüchtig in Richtung Siegesallee auf einen Markgrafen. Dieser scheint wie Schmuck zu schimmern. Aber der Flaneur lässt sich nicht blenden. Das Denkmal wird personifiziert, wenn der Flaneur das Gefühl hat, dass der Markgraf aus der Ferne lockt. Der Versuchung, zur Siegesallee zu gehen, kann er dennoch widerstehen und beachtet den Markgrafen nicht mehr. Die 32 Denkmäler interessieren ihn kaum und er zeigt somit seine Distanz zu den marmornen Markgrafen und Kurfürsten, die vom letzten Kaiser in Auftrag gegeben wurden:

> Durch einen Seitenweg schimmert von der Siegesallee herüber ein Stückchen Markgraf. Ich laß` es von fern locken, werde mich wohl hüten, hinüberzugehen zu den unglücklichen Zweiunddreißig mit der wechselnden Beinstellung. (Hessel 1984: 163)

Diese Sehenswürdigkeit ist für ihn nicht sehenswert und als Flaneur ist er eher an unauffälligen und versteckten Dingen in der Großstadt interessiert. Der letzte deutsche Kaiser stößt bei ihm auf Ablehnung und wird nur kurz erwähnt. Gleich darauf bemerkt er auf seinem Weg weitere Putten, die er kurz anschaut, ohne sie wie die anderen Figuren ausführlich zu deuten: „Wieder ein Busch und ein Sandsteinpärchen, sie mit Flachs versehen, er auf ein Rad gestützt. Steuermann? Preußische Seehandlung?". (ebd.)

Sein Weg führt daraufhin in Richtung Tuaillons Amazone, die sich auf dem Rasenrund befindet. Er betrachtet und beschreibt detailliert ihre Erscheinung, wobei ein wohlwollende Ausdrucksweise erkennbar wird. Er schaut sich ihre Haltung und ihre Ausstrahlung an, um ein ästhetisches Urteil abgeben zu können. Diese Skulptur wird mit einer anderen verglichen, die aber im Gegensatz zur Amazone nicht aufgesucht, sondern nur in Gedanken visualisiert wird. Des Weiteren ist die betrachtete Skulptur ein Abbild einer wichtigen Persönlichkeit Berlins, die sich durch ihre emanzipierte Haltung auszeichnet:

> Und hier führt der Weg vom Teich fort zu dem Rasenrund, auf dem Tuaillons Amazone, eine größere Nachbildung des Originals von der Nationalgalerie, ruhevoll und gespannt zu Pferde sitzt, die erste Berlinerin, die den Rücken in korsettlos sanfter Biegung gehalten hat und im Gegensatz zu ihrer fürstlichen Zeitgenossin, die nicht weit von hier eingeschnürt, in immer schlimmer werdendem Hut, bei den Blumen des Rosengartens auf Abholung wartet. (ebd. 163)

Die Denkmäler und Skulpturen dienen dem Flaneur als Projektionsfläche, um seine Meinung zu verschiedenen Sachverhalten und Persönlichkeiten zu äußern. Sein Beobachten der Skulpturen erzeugt in ihm entweder Sympathie oder Antipathie.

Als der Flaneur ohne bestimmte Richtung geht und nur eine Vermutung hat, wohin ihn dies bringt, findet er zufällig den Apoll, den er seit Jahren nicht wiederfinden konnte. Seine Freude wird durch den Ausdruck „glücklich verirrt" beschrieben. Er sieht die Figur im Profil, betrachtet ihre Hand und stellt ihre Art des Zugreifens fest:

> Er hat eine kräftige Art, zuzugreifen, nicht distinguiert klassisch, sondern wie von alters her, er braucht sich keine Mühe zu geben, Antikisches zu tun, er kann auch Barock, der gute Gartenmusikant unseres Spielplatzes. Aber Spielplatz ist hier nicht mehr. (ebd. 163)

Mit der saloppen Bemerkung „er kann auch Barock" will er auf die vielseitige Interpretation des Denkmals hinweisen. Liebevoll und freundschaftlich bezeichnet er den Apoll als „de[n] gute[n] Gartenmusikant[en] unseres Spielplatzes", sodass das Denkmal aus der Kindheit positiv konnotiert ist. Der Apoll, ein Gott der Dichtkunst, symbolisiert für den Flaneur eine glückliche Kindheit. Anders als die Statuen auf der Siegesallee betrachtet er den Apoll mit einem melancholischen Blick. Diese Melancholie entsteht auch aus der Tatsache, dass beim Betrachten des Apolls das Fehlen des Spielplatzes aus seiner Kindheit deutlich wird („Aber Spielplatz ist hier nicht mehr") (ebd. 163). Dieses flaneurtypische Thema der Stadtveränderung und des Festhaltens der letzten Spuren ist an dieser Textstelle erkennbar. Auch hier wird die kritische Haltung gegenüber der Wilhelminischen Zeit klargestellt. Die weit zurückliegende Vergangenheit wird in gutmütiger Manier beschrieben, während die Zeit des letzten Kaisers eher in skeptischer Erinnerung geblieben ist (vgl. 163-165).

Beim Anschauen des Tiergartens erscheint dem Erzähler in der Dunkelheit der Ort als „buschig und labyrinthisch wie vor dreißig oder vierzig Jahren". Aus neutraler Perspektive erfährt der Leser mehr über den damaligen Zustand des Tiergartens, wobei der Ich-Erzähler durch seine Kommentare die berichtende Darstellung unterbricht. Mithilfe seiner Fantasie sieht er den Tiergarten so, wie er in Vergangenheit war. Enge Pfade und dichtes Laub verdeckten damals die Sicht auf die Teiche. Die eingeschränkte Sicht ist das, was den Erzähler an dem Ort reizt. Er versucht sich diese mithilfe der Dunkelheit wieder ins Gedächtnis zu rufen und eine für ihn ansprechende Wirklichkeit zu schaffen. Dieses Bild versetzt ihn in seine glückliche Kindheit, die durch den Anblick des Tiergartens ausgelöst wird.

Anders als am Anfang der Episode, als der Flaneur als vorbeigehender Beobachter die Objekte anschaut, ist er im zweiten Teil des Textes während seiner Kindheitserinnerungen als Figur an der Geschichte beteiligt. Seine Erinnerungen erzeugen beim Leser eine vertraute Welt.

Daraufhin nennt er auch den Grund für die Veränderung der Stadt. Der letzte Kaiser hatte den Naturpark übersichtlich und repräsentativ umgestalten lassen, wodurch der Charme von früher verloren gegangen ist. Den gegenwärtigen Zustand des Tiergartens findet er immer noch gut und er hat ein vertrautes Verhältnis zu ihm, aber früher erschien er ihm geheimnisvoller und natürlicher. Die nostalgische Atmosphäre lässt sich nachempfinden, wenn sich der Erzähler an den früheren verwilderten Tiergarten erinnert:

Daß auf seinen Befehl das Unterholz gelichtet, viele Wege verbreitert und die Rasenflächen verbessert wurden, ist verdienstlich, aber darüber sind dem Tiergarten gewisse intime Reize verlorengegangen, eine holde Kinderstubenunordnung, Zweigeknacken und das Rascheln vieler nicht gleich weggeräumter Blätter auf engen Pfaden. Aus dichtem Laub tauchten damals die Teiche auf. (ebd. 163-164)

Die vertrauten Geräusche aus der Kindheit wie Zweigeknacken und das Rascheln von Blättern sind für den Erzähler Erinnerungen einer „holden Kinderstubenunordnung", die nicht mehr vorhanden sind. An diese Textstelle erkennt der Leser den Einfluss von Proust, der sich durch bestimmte Dinge in die Vergangenheit versetzen konnte.

Außerdem schätzt er die damals wenigen Denkmäler, die er scherzhaft „freundliche Marmorleute" nennt. Wie alte Freunde spricht er „den Herrn von Goethe" und „den guten Friedrich Wilhelm" als Beispiel an. Zu Letzterem fügt er noch Hintergrundinformationen zu der realitätsnahen Darstellung des Kaisers hinzu. Der Erzähler bezieht den Leser mit ein, indem er sagt: „Kenner haben uns belehrt." Der Charakterzug des Monarchen wird gutmütig zum Ausdruck gebracht und eine vertraute Atmosphäre geschaffen: „Es fehlt nicht einmal der Riester am Stiefel des sparsamen Monarchen, der bisweilen geflicktes Schuhwerk getragen haben soll." (ebd. 164)

Im letzten Teil des Feuilletons animiert das Gesehene den Erzähler dazu, die Geschichte des Tiergartens ähnlich wie in einem Reiseführer ausführlich vorzustellen. Er sagt, dass er etwas anbringen will, das er aus der Geschichte des Tiergartens gelernt hat. Berühmte Persönlichkeiten wie Schriftsteller werden wie alte Freunde und Bekannte liebevoll erwähnt und geschichtliche und persönliche Details aus deren Leben verraten, die ein Gemeinschaftsgefühl erzeugen. Am Ende des Texts schwärmt der Erzähler von Kindheitserinnerungen und glücklichen und zauberhaften Tagen, indem er sich gedanklich in die damalige Atmosphäre versetzt. Durch Possessiv-, Reflexiv-, und Personalpronomen (unsere, wir, uns) wird beim Leser eine Art Gemeinschaftsgefühl erzeugt, welches eine vertraute Welt simuliert. Als er die Rousseau-Insel im Park sieht, wird sie liebevoll als „unsere Rousseau-Insel" bezeichnet, die Erinnerungen an Schlittschuhlaufen und Rudern hervorruft. Beim Leser entsteht unweigerlich der Eindruck, dass es sich um eine idealisierte Vergangenheit handelt.

Anschließend vergleicht er den Zustände des Tiergartens im Laufe der Zeit und stellt fest, dass dieser mit der Zeit immer systematischer und geordneter wurde. In seiner Kindheit herrschte noch eine gewisse Wildnis, die für die Kinder geheimnisvoll war. Er erinnert sich an hoch geschwungene Brückenstege über den Bächen und an die „munteren Bronzelöwen, denen von Maul zu Maul Geländerketten hängen" (ebd. 165). Daraufhin bemerkt er, dass sich der Neue See nicht geändert hat, was er aber korrigiert und sagt, dass es ihm so scheint. Da es schon zu spät ist, um hinzugehen, flaniert er gedanklich, wie Benjamin in seinen Werken, am Neuen See und lässt seinen Kindheitserinnerungen erneut freien Lauf. Ein Ausschnitt aus einem Gedicht von Stefan George, welcher von einer Kahnfahrt handelt, führt der Erzähler an mit der Bemerkung, dass es eher einem südlicheren Park gewidmet ist. Der letzte Satz „so dachten wir Berliner Kinder an unseren Neuen See" (ebd. 166) zeigt eine gemeinsame Vergangenheit und eine Heimat voller guter Erinnerungen. Diesen Satz richtet der Flaneur offensichtlich an die Berliner. Der Tiergarten hat für den Erzähler eine symbolische Bedeutung. Er dient als ein Ort, der die fortlaufenden Veränderungen in der Großstadt repräsentiert.

5.2 Reales Flanieren: Am Stadtrand

In der Episode *Am Stadtrand* geht es um den Ich-Erzähler, der am Stadtrand Frankfurts flaniert, wenn er Probleme mit dem Schreiben als Autor hat (Genazino 2013: 94-95). Der Anfang des Textes hat eine autobiografische Note, wie es für die neueren Flaneurtexte üblich ist:

Wenn meine Arbeit über die Maßen problematisch wird und ich nicht recht weiterkomme, gehe ich dort spazieren und sammle Anblicke eines geruhsameren Lebens, von dem ich hoffe, dass es sich auf mein Schreiben auswirken wird (Genazino 2013: 94).

Auffällig ist bei diesem Feuilleton, dass es einen Grund gibt, warum der Erzähler spazieren geht. Dadurch nimmt er die Rolle eines Passanten ein, der zur Erholung spazieren geht. Der Leser erfährt auch, dass der Flaneur wiederholt am dem besagten Ort spazieren geht, wie auch in der Episode *Von meinem Arbeitszimmer aus* ist seine literarische Flanerie kein einmaliges Ereignis (vgl. Genazino 2013: 87-89). Sie dient dazu, ein besseres Bild vom Beobachteten zu kreieren.

Wie auch Robert Walser kann Genazinos Erzähler den ruhigen Orten einen Reiz abgewinnen, was ihn eher zu einem Müßiggänger und Spaziergänger macht als zu einem Flaneur. Anders als bei Walsers Flanieren in der Kleinstadt Biel dient Genazinos Flaneur die Stadt und nicht die Natur als Inspirationsquelle (vgl. Köhn 1989: 142-143). Die Straße wird zum Ort einer spontanen Kommunikation mit Fremden. Am Anfang merkt der Erzähler an, dass es am Stadtrand Frankfurts weniger hektisch und nicht überfüllt, sondern gemütlich ist. Er sympathisiert mit der ruhigen Atmosphäre, die für ihn kleine Geschäfte und die dazu passende Kundschaft bedeutet. Daraufhin macht er deutlich, dass er, wenn seine schriftstellerische Arbeit ihm Probleme bereitet und er innere Unruhe verspürt, dort spazieren geht und „Anblicke eines geruhsameren Lebens" (Genazino 2013: 94) sammelt. Hier definiert der Erzähler seine Aufgabe als Streuner. Er ist auf der Suche nach Anblicken und will somit wie ein Sammler mehrere Dinge näher beobachten.

Des Weiteren hofft er, dass sich dies positiv auf sein Schreiben auswirkt. Hier spricht er die Thematik des Schriftstellertums und des Journalismus an, was für den Flaneur die einzige akzeptierte Tätigkeit darstellt. Andererseits ist sein Spaziergang nicht intentionslos. Vielmehr erkennt der Leser hier den Streuner, der sich nach Ruhe sehnt und dies durch den Spaziergang zu erreichen versucht. Weiter fällt seine untypische Haltung gegenüber der Großstadt auf. Das Streben nach einem geruhsameren Leben passt nicht zum Flaneur, der im Gegensatz die Menschenmenge aufsucht, um den Straßenrausch zu verspüren und sich dabei wohl zu fühlen. Der Text ähnelt dem Roman *Liebesblödigkeit*, in dem der Ich-Erzähler ebenfalls Menschenansammlungen meidet und komfortable Gemütlichkeit vorzieht. Die Großstadt Frankfurt scheint den Erzähler zu ermüden und unruhig zu machen. Wie Mercier schon damals sagte, ist die Großstadt eine Gefahr für den Menschen. Hier scheint sie eine derartige Unruhe auszustrahlen, dass sich der Erzähler nach einem gelassenen Leben sehnt (vgl. Köhn 1989: 23-24).

Sein zielloses Umhergehen und Herumschauen führt den Flaneur zur Bäckerei, die er oft besucht. In dieser Episode beschäftigt sich Genazino mit den Angestellten und der Gesellschaft. Als Beispiel führt er die jungen Verkäuferinnen in den fast ländlichen Bäckereien auf. Dabei nimmt er, wie Robert Walsers Flaneure, die Position eines Kunden ein, sodass er aus der harmlosen Perspektive die Verkäuferinnen in Ruhe und ohne aufzufallen genau beobachten kann. Diese Berufsanfängerinnen beschreibt er als etwas verwirrt, da sie sich an das tägliche Arbeiten noch nicht gewöhnt haben. Mit einer lustigen Bemerkung („Vermutlich können sie sich nicht recht erklären, warum sie plötzlich nicht mehr in der Schule sind und stattdessen tagtäglich Brot, Brötchen und Kuchen verkaufen.") versucht er deren Verwirrtheit und den Übergang von der Schule ins Berufsleben zu skizzieren und zu reflektieren (Genazino 2013: 94).

Der urbane Müßiggänger sieht, dass eine Verkäuferin in einem Brotregal einen „altertümlichen" Kassettenrecorder versteckt. Dieses unscheinbare Detail bemerkt der Flaneur, da er sich für die kleinen und unbedeutenden Dinge im Leben interessiert. Die Tatsache, dass er Unauffälliges bemerkt und mit seinem gedehnten Blick beobachtet, ähnelt einem Detektiv, der mit einem Lupenblick sieht. Das antiquierte Wort „altertümlich" erscheint in diesem Zusammenhang komisch, da es mit einem musealen Gegenstand in Verbindung gebracht wird. Diese Komik erzeugt aber auch Distanz zu dem Kassettenrecorder, der für den Flaneur ein Stück der Vergangenheit darstellt, den es noch festzuhalten gilt, bevor er endgültig aus dem Alltag für immer verschwindet. Der Leser, abhängig von seinem Alter, kann sich mit dem Kassettenrecorder identifizieren und erinnert sich an seine Vergangenheit. Durch eine rhetorische Frage: „Gibt es das Wort noch?" stellt er seine distanzierte Position zu dem Gegenstand klar. Für ihn, als älteren Mann, ist das Gerät schon altmodisch und befremdlich. Deshalb ist er verwundert, dass eine junge Frau ein solches Gerät besitzt. Im Gegensatz zum Zentrum Frankfurts findet man am gemütlichen Stadtrand noch solche Raritäten wie einen Kassettenrecorder.

Der genaue Ablauf, wie die Verkäuferin den Kassettenrecorder einschaltet und Musik hört, wird vom Flaneur beobachtet und festgehalten:

Eines der Mädchen hat in einem Brotregal einen altertümlichen Kassettenrecorder (gibt es das Wort noch?) versteckt. Wenn der Laden leer ist, drückt das Mädchen die Play-Taste, setzt sich auf den Stuhl neben der Kommode und hört die Platters. (Genazino 2013: 94).

Diesen Kassettenrecorder versteckt die junge Verkäuferin, wenn Kundschaft anwesend ist. Sobald aber der Laden leer ist, hört sie sich die *Platters* im Sitzen an. Diese Band repräsentiert auch wie der Kassettenrecorder die alten Zeiten und gehört den Oldies an. Das scheint den Flaneur nicht zu verwundern. In einer indirekten Rede, die dem Text Authentizität verleiht, erfährt der Leser, dass der Flaneur sich nicht an der Musik stört und dies mit Nachdruck auch der Verkäuferin schon letzte Woche gesagt hat. Es entsteht der Eindruck, dass seitens des Erzählers eine Vertrauensbasis mit der Verkäuferin besteht, da er als Stammkunde schon zur Bäckerei gehört. Daraufhin freut sie sich, misstraut aber trotzdem dem Erzähler und schaltet den Recorder wieder ein, wenn er die Bäckerei verlassen hat. Sein Beobachtungsstandort ändert sich dadurch und erschwert langes Hinsehen. Nachdem der Streuner die Bäckerei verlassen hat, geht er nicht sofort weg, sondern wartet und schaut durch die Schaufenster, um festzustellen, dass die Verkäuferin den Kassettenrecorder wieder einschaltet. Die Neugier des Erzählers führt zum gedehnten und genauen Blick, dem Kleinigkeiten nicht entgehen. Sein weiterer Fokus während des Flanierens fällt auf einen kleinen Friseursalon, welcher sich nicht weit von der Bäckerei befindet. In dessen Schaufenstern sieht er fast täglich eine Katze liegen, die sich dort aufhält. Sein Beobachtungsstandpunkt eignet sich gut für ein langes Hinsehen, ohne negativ aufzufallen. Die Aussage macht deutlich, dass er (fast) jeden Tag diese Straße entlangspaziert. Genaue Vorgänge der Katze werden wahrgenommen und dem Leser mit Begeisterung geschildert:

Das Schaufenster ist schmal, die Katze liegt der Länge nach hingestreckt zwischen Spraydosen, Reklameschildchen und Parfümfläschchen. Mit den Hinterpfoten berührt die Katze die Wand links, mit den Vorderpfoten die Wand rechts. Am schönsten ist, wenn sich ihr Fell durch regelmäßiges Atmen leicht öffnet und wieder schließt. (Genazino 2013: 94-95)

Er beschreibt die Katze, wie sie sich zwischen den Arbeitsutensilien in dem schmalen Schaufenster der Länge nach hingestreckt hat, und sieht, dass ihre Pfoten die Wand berühren. Er erfreut sich am Katzenfell, welches sich durch Atmen öffnet und schließt. Das für den Flaneur typische Interesse für Schaufenster und Reklameschilder ist hier vertreten. Das Bild der Katze erzeugt beim Flaneur Gemütlichkeit, die sich durch seine Ausdrücke *Reklameschildchen* und *Parfümfläschchen* äußert. Diese wohlwollende Ausdrucksweise erscheint nur, wenn es um die ruhigen Orte oder deren Repräsentanten geht (ebd. 94-95). Der Erzähler ist verwundert, dass er der Einzige ist, der sich die Katze anschaut. Doch im nächsten Satz erfährt man, dass es ihm recht ist, dass niemand außer ihm das Tier anschaut, weil er ungern einen schönen Anblick mit anderen teilt und etwas eifersüchtig wird. In diesem Fall zählt er sich zu den Glücklichen. Er verbindet mit der Gelassenheit der Katze Begriffe wie *schöner Anblick, Glück* und *bemerkenswert.* Wie es für einen Flaneur gehört, sind die kleinen und alltäglichen Dinge, Menschen und Tiere im Mittelpunkt seiner Betrachtung und haben eine große Bedeutung für ihn. Er erkennt in der Katze die Schönheit und Freude am Entspannen. Die Katze symbolisiert für ihn Gemütlichkeit, Ruhe und Gelassenheit. All das, wonach er sich sehnt und weswegen er seinen Müßiggang unternimmt. Sie beeinflusst ihn positiv und erzeugt bei ihm bessere Laune. Des Weiteren identifiziert er sich als Flaneur mit der Katze, die ziellos, langsam und entspannt in den Tag hinein lebt. Der genannten Ruhe der Katze werden die von ihm wahrgenommenen hektischen Menschen gegenübergestellt, die sich keine Zeit für die kleinen Dinge nehmen können oder wollen und deshalb die Katze im Schaufenster nicht bemerken oder ihr mit Desinteresse begegnen.

Wie man sehen konnte, sind in diesem Text drei Beobachtungspunkte zu erkennen. Zuerst erwähnt der Erzähler die jungen Verkäuferinnen, die er genauer anschaut. Dabei ist nicht immer ersichtlich, ob es reales Flanieren oder eine zusammengefasste Beobachtung ist. Ein Indikator für Ersteres ist am Anfang des Textes das Verb *gehen*. Später wird aber das Erzählte in Vergangenheit präsentiert, was auf allgemeine Ergebnisse hindeutet. Zweitens fällt sein Blick auf den Kassettenrecorder, welcher die Vergangenheit repräsentiert. Dies wird zusätzlich durch das Hören der Platters, einer Band aus den 50er Jahren, unterstrichen. Drittens steht die Katze im Schaufenster eines Friseursalons im Fokus, die durch das Verwenden von Präsens dem realen Flanieren eindeutig zugerechnet werden kann. Diese drei gewöhnlichen und nebensächlichen Objekte erwecken die Schaulust beim Flaneur und zeigen seinen Beobachtungsschwerpunkt im Alltag. Wie auch Robert Walser nutzt er die Ruhe der Umgebung als Inspirationsquelle. Am Anfang des Feuilletons spricht der Erzähler von Problemen beim Schreiben, die er durch die Anblicke eines geruhsameren Lebens beheben möchte, was ihm letztendlich auch gelingt.

5.3 Voyeuristisches Flanieren: Der Verdächtige

Im folgenden Feuilleton *Der* Verdächtige schildert der Erzähler die Schwierigkeiten, die mit dem Flanieren in Berlin verbunden sind, und welche Strategien er anwendet (Hessel 1984: 7-11). Diese Schwierigkeiten ergeben sich daraus, dass man sich als Großstädter immer zielgerichtet und schnell in der Stadt bewegt, was gerade für den Flaneur untypisch ist. Außerdem grenzt er sich von diejenigen Figuren ab, die mit seinem Verhalten assoziiert werden, und definiert so indirekt den Begriff des Flaneurs.

In dieser Episode findet fast immer gegenseitiges Beobachten statt, sodass man sich als

Leser manchmal fragt, ob die anderen Passanten und auftretenden Figuren auch urbane Müßiggänger sind und das Gleiche wie der Erzähler tun. Der Flaneur steht somit selbst unter ständiger Beobachtung seitens der Passanten, welche ihn, wie der Titel bereits sagt, für verdächtig halten.

Die Satzkonstruktionen sind eher komplex und hypotaktisch. Und der Wunsch eines Flanierens wird oft mit dem Modalverb möchten, z.B. bei „ich möchte", ausgedrückt. Es sind mehrere Zeitebenen zu erkennen, und zwar in folgender Reihenfolge: Gegenwart und Vergangenheit. Der Text ist vorwiegend in Präsens geschrieben, sodass der Eindruck der Aktualität vermittelt wird. Nur die Anekdote am Ende wird als Analepse (Rückwendung) im Präteritum dem Erzählten hinzugefügt, um weitere Schwierigkeiten beim Flanieren zu verdeutlichen. Der Text erfüllt viele der allgemeinen Charakteristika eines Feuilletons. Die kurze Form besteht aus vier Seiten, welche verschiedene Spaziergänge und eine humorvolle Anekdote enthalten.

Im ersten Satz lässt der Ich-Erzähler den Leser wissen, dass er mit großem Vergnügen flaniert: „Langsam durch die belebte Straße zu gehen, ist ein besonderes Vergnügen. Man wird überspielt von der Eile der anderen, es ist ein Bad in der Brandung."(Hessel 1984: 7) Beim Anblick der Menschenmenge verspürt der Flaneur den Straßenrausch, im dem er sich wohlfühlt. Doch schon im zweiten Satz beschreibt er die auftretenden Probleme beim Flanieren:

Aber meine lieben Berliner Mitbürger machen einem das nicht leicht, wenn man ihnen auch noch so geschickt ausbiegt. Ich bekomme immer mißtrauische Blicke ab, wenn ich versuche, zwischen den Geschäftigen zu flanieren. Ich glaube, man hält mich für einen Taschendieb. (ebd.)

Die „lieben Berliner Mitbürger", wie der Erzähler sie freundlich bezeichnet, blicken ihn misstrauisch an, wenn er zwischen ihnen flaniert und intentionslos anschaut. Der Flaneur aber blickt auf die Passanten gelassen zurück (Müller 1997: 77).

Als er weitergeht, sieht er sich die Schultern und Wangen der Großstadtmädchen genau an, die wiederum genervt zurückblicken, weil sie als begehrenswerte Frauen angesehen werden wollen und nicht mit einem harmlosen Blick:

Die hurtigen, straffen Großstadtmädchen mit den unersättlich offenen Mündern werden ungehalten, wenn meine Blicke sich des längeren auf ihren segelnden Schultern und schwebenden Wangen niederlassen. Nicht als ob sie überhaupt etwas dagegen hätten, angesehen zu werden. Aber dieser Zeitlupenblick des harmlosen Zuschauers enerviert sie. Sie merken, daß bei mir nichts „dahinter!" steckt. (Hessel 1984: 7)

Seine Beschreibung der jungen Frauen ist durch erotische Attribute gekennzeichnet, wobei aber nichts „dahinter steckt." Das intentionslose Sehen des urbanen Müßiggängers wird von den Frauen als eine provokante Geste gedeutet (Müller 1997: 75). Anders als von anderen Mitmenschen angenommen, ist der Flaneur vielmehr bestrebt, den ersten Blick auf die Stadt zu gewinnen oder ihn wiederzufinden, also einen unmittelbaren Blick auf die Metropole zu bekommen.

Auch in stilleren Vorstadtgegenden wird der Flaneur von den Menschen aufgrund der Langsamkeit und Ziellosigkeit seiner Bewegung misstrauisch angeschaut (ebd.76). Als harmloser Schlenderer sieht er sich die Produktenhandlung der Witwe Kohlmann und die Umgebung genauer an. Vor allem richtet sich seine Aufmerksamkeit auf die ästhetisch ansprechenden Geraniumtöpfe, die er als „pochendes Rot in träg grauer Welt" (Hessel 1984: 7) beschreibt. Dieser harmlose Blick löst auch bei der Witwe Skepsis aus, die sich durch böse Blicke äußert. Die Witwe traut sich nicht zu schimpfen, weil sie den Flaneur vermutlich für einen Detektiv („einen Geheimen") hält. Der Müßiggänger möchte sie zu ihrem Geschäft und ihren Lebensansichten befragen, doch aufgrund ihrer Unzufriedenheit erscheint dies unmöglich. Der Flaneur bemerkt, dass die Witwe ihn beim Weggehen beobachtet. Diese Szene hat eine komische Komponente, weil der Leser den wahren Grund für das Flanieren kennt. Später, als er weitergeht, sieht sie, wie er in die Kniekehlen der Kinder schaut, die Prallball spielen. Sein Fokus liegt auf den langbeinigen Mädchen, die ihn entzücken.

Langbeinige Mädchen , entzückend anzusehen. Sie schleudern den Ball abwechselnd mit Hand, Kopf und Brust zurück und drehen sich dabei, und die Kniekehle scheint Mitte und Ausgangspunkt ihrer Bewegungen. Ich fühle, wie hinter mir die Produktenwitwe ihren Hals reckt. (Hessel 1984: 8)

Die Bewegungen der Mädchen werden von ihm ausführlich beschrieben, wobei die Kniekehle für ihn als „Mitte und Ausgangspunkt ihrer Bewegung" betont wird. In diesem Fall symbolisieren die Beine der Mädchen die wichtigsten Fortbewegungsmittel und das Instrument des Flaneurs. Die Witwe beobachtet ihn und der Flaneur fürchtet schon, dass die Schupo aufgrund seines verdächtigen Verhaltens auf ihn angesetzt wird. Die Komik entsteht dadurch, dass die Witwe ihm durch auffällige ziel- und zwecklose Blicke unsichtbare Ziele unterstellt (Müller 1997: 76). In diesem Fall denkt sie, dass er ein Pädophiler ist, der auf sein nächstes Opfer lauert. Und mit der saloppen Bemerkung: „Wird sie die Schupo darauf aufmerksam machen, was ich für einer bin? Verdächtige Rolle des Zuschauers!" (Hessel 1984: 8) wird dies bestärkt.

Seine weiteren Beobachtungsobjekte sind in der Dämmerung alte und junge Frauen, die auf Kissen gestützt in den Fenstern zu sehen sind. Dieser Anblick erzeugt in ihm das

Bedürfnis, sich ihnen anzuschließen. Er kann sich in sie hineinversetzen, was er als Einfühlung aus psychologischer Sicht bezeichnet. Die Frauen schauen auf die Straße und „warten auf das, was nicht kommt". (ebd. 8). Er vermutet, dass die Frauen vom Unmöglichen träumen oder dass sie wahrscheinlich insgeheim, wie in einem Märchen, auf ihren Prinzen warten, der nie kommen wird. Der Müßiggänger hält sich nicht lange in dieser Situation auf und geht weiter. Dann sieht er Straßenhändler, die nichts dagegen haben, wenn der Flaneur sich zu ihnen stellt. Aber er interessiert sich nicht für sie, sondern vielmehr für eine alte Verkäuferin, die er genau anschaut:

ich stünde aber lieber neben der Frau, die soviel Haar aus dem vorigen Jahrhundert auf dem Kopf hat, langsam ihre Stickereien auf blaues Papier breitet und stumm Käufern entgegensieht. Und der bin ich nicht recht, sie kann kaum annehmen, daß ich von ihrer Ware kaufen werde. (ebd. 8)

Man hat das Gefühl, wie bei anderen Beobachtungsobjekten, dass sich der Flaneur viel mehr Zeit für das Anschauen nehmen möchte, aber aufgrund seiner verdächtigen Rolle nur begrenzte Zeit zur Verfügung hat und seine Beobachtung unvollständig ist. So fällt sein Blick in der Gegenwart auf die Überbleibsel der Vergangenheit, auf die er eingeht. Der Erzähler präzisiert nicht, was das Charakteristische an dem Haar aus dem letzten Jahrhundert ist. So gibt es mehrere Möglichkeiten dies zu interpretieren. Es könnte an der altertümlichen Frisur, der Haarlänge oder den grauen Haaren liegen. Letztendlich aber kann man aus dem Text dies nicht erschließen und es bleibt ein Rätsel.

Daraufhin erfährt der Leser, dass der Erzähler manchmal seine Müßiggänge in den Höfen unternehmen möchte. Dort hat er beispielsweise die Möglichkeit, die letzten Spuren der Vergangenheit wie einen Brunnen, welcher vor der Wasserleitung benutzt wurde, anzuschauen. Als Vorwand für seine Flanerie benutzt er gelegentlich die Straßenmusiker, um in die Hoffenster zu schauen.

Vormittags gelingt mir das allenfalls, wenn Sänger und Geiger sich produzieren oder der Leierkastenmann, der obendrein auf einem freien Fingerpaar Naturpfeife zum besten gibt, oder der Erstaunliche, der vorn Trommel und hinten Pauke spielt (er hat einen Hacken am rechten Knöchel, von dem eine Schnur zu der Pauke auf seinem Rücken und dem aufsitzenden Schellenpaar verläuft; und wenn er stampft, prallt ein Schlegel an die Pauke, und Schellen schlagen zusammen). Da kann ich mich neben die alte Portiersfrau stellen – es ist wohl eher die Mutter der Pförtnersleute, so alt sieht sie aus, so gewohnheitsmäßig sitzt sie hier auf ihrem Feldstühlchen. Sie nimmt keinen Anstoß an meiner Gegenwart, und ich darf hinaufsehen in die Hoffenster, an die sich Schreibmaschinenfräulein und Nähmädchen der Büros und Betriebe zu diesem Konzert drängen. Selig benommen pausieren sie, bis irgendein lästiger Chef kommt und sie wieder zurückschlüpfen müssen an ihre Arbeit. (ebd. 8-9)

Er sieht die Straßenmusikanten an, wie sie ihre Instrumente spielen, wobei er diese genau und detailliert betrachtet. Einen Musiker bezeichnet er als „de[n] Erstaunliche[n]", weil er Trommel und Pauke gleichzeitig spielt. Als er neben der alten Portiersfrau steht, blickt er sie an und stellt fest, dass sie sehr alt ist und anhand ihres Verhaltens sehr lange dort arbeitet. Verniedlichend wird ihre Sitzgelegenheit „Feldstühlchen" genannt. Mit ihrer Erlaubnis kann er in die Hoffenster schauen und die Schreibmaschinenfräulein und Nähmädchen, wie er sie wohlwollend bezeichnet, in ihrer Pause ansehen. Humorvoll beschreibt er ihr Verhalten in der erholsamen Pause als „selig benommen pausieren sie" (ebd. 9). In gelassener Manier wird der Chef als „lästig" bezeichnet, wenn sie an ihre Arbeit wieder „zurückschlüpfen" müssen. Dann sieht er sich alle Fenster des Gebäudes an, um festzustellen, dass alle bis auf eines mit Gardinen ausgestattet sind. In dem letztgenannten Fenster kann er einen Kanarienvogel im Käfig erkennen, der die Musik mit seinem Schlagen kommentiert. Dabei werden die Instrumente personifiziert, wenn die „Geige von Herzen schluchzt und der Leierkasten dröhnend jammert".(ebd. 9) Diesen Anblick findet er schön.

Beim Zurückgehen möchte der Ich-Erzähler an diesem Abend die bereits gesehenen Kinder beim Spielen und beim Weggehen und Wiederkommen beobachten und dabei sein, aber er traut sich nicht und kann keinen Vorwand aufweisen, um nicht nur als Fremder dabeistehen zu können. In drei Sätzen fasst er die schwierige Situation in Berlin zu flanieren, zusammen: „Hierzulande muß man müssen, sonst darf man nicht. Hier geht man nicht wo, sondern wohin. Es ist nicht leicht für unsereinen." (ebd. 9)

Während im ersten Abschnitt der Flaneur allein unterwegs ist, ist er im zweiten in Begleitung einer guten Freundin oder eines Hundes einer Freundin. In einem abgetrennten Absatz geht es um Strategien, wie man trotz der Schwierigkeit zu flanieren doch noch ein urbaner Müßiggänger sein kann. Eine Freundin, die sichtlich Mitleid mit dem Ich-Erzähler hat, erlaubt ihm, sie zu begleiten, wenn sie Besorgungen zu erledigen hat. So bekommt er einen Einblick in die Strumpfklinik, an der „Gefallene Maschen werden aufgenommen" steht und den Leser zum Schmunzeln veranlasst. Dadurch kann er die Menschen und die Umgebung dort beschreiben, wobei er sich den unauffälligen Dingen widmet:

In diesem düstern Zwischenstock huscht eine Bucklige durch ihr muffiges, wolliges Zimmer, dass eine neue Glanztapete aufhellt. Ware und Nähzeug liegen auf Tischen und Etageren um Porzellanpantöffelchen, Biskuitamoretten und Bronzemädchen herum, wie Herdentiere um alte Brunnen und Ruinen lagern. Und das darf ich genau besehen und daran ein Stück Stadt- und Weltgeschichte lernen, während die Frauen sich besprechen. (ebd. 9-10)

So betrachtet er die dort arbeitende Frau als eine Bucklige, die sich schnell beim Arbeiten bewegt und dadurch als eine kuriose Figur dargestellt wird. Wie auch Baudelaire interessiert sich der Flaneur für Randfiguren, zu denen diese Frau aufgrund ihres

Aussehens und Verhaltens für ihn gehört. Die Umgebung wird aufgrund des düsteren Zimmers von ihm als geheimnisvoll und abgestanden gesehen. Die Ware und Nähzeug vergleicht er mit Herdentieren, die um alte Brunnen und Ruinen lagern. So personifiziert er die Gegenstände, die er durch seine Fantasie entstehen lässt. Er erfreut sich an den liebevoll bezeichneten Dekorationen wie Etageren, Porzellanpantöffelchen, Biskuitamoretten und Bronzemädchen. Während die Frauen im Gespräch sind, fühlt sich der Erzähler geehrt, die Nähutensilien lange anzuschauen und, wie er selbst sagt, „ein Stück Stadt- und Weltgeschichte [zu] lernen".

Oder er besucht eine Schneiderei, in der ein kaisertreuer Schneider arbeitet, mit dem der Flaneur kurz über die Politik redet. Durch die Figurenrede wirkt der Text authentisch. Der Schneider folgt dem Blick des Flaneurs, der auf einem gefransten Tuch den Kaiser Friedrich als Kronprinz erkennt. Dieser Blick führt dazu, dass er dem Erzähler weitere „monarchentreue Schätze" zeigt. So interessiert er sich auch hier für die dekorativen und nicht praktischen Dinge. Der Erzähler sieht, dass der Schneider sehr freundlich zu dem Hund der Freundin ist. Diesen Hund setzt der Erzähler mit sich selbst als Flaneur gleich, weil er an allem schnuppert, neugierig und immer auf der Suche ist.

Der letzte Abschnitt dieser Episode endet mit der Anekdote, welche von einem für den Flaneur unangenehmen Ereignis erzählt. Dabei bezieht er sich auf ein früheres Geschehen, welches thematisch zu den Methoden des Flanierens gehört. Durchgehend enthält dieser Abschnitt komische Momente. Dabei bedient sich der Erzähler der Ironie.

Neulich ist mir es uns aber schlimm ergangen. Ich holte ihn aus einem Hause ab, in dem wir beide fremd waren. Wir gingen eine Treppe hinunter, in die ein Fahrstuhlgehäuse mit Gitterwerk eingebaut war. Ein düsterer Eindringling war dieser Lift in dem einst gelassen breiten Treppenhaus. Und die bauschigen Wappendamen der bunten Fenster sahen irr auf das Wanderverlies, und die Kleinodien und die Attribute lockerten sich in ihren Händen. Sicher roch es auch diskrepant in diesem Ensemble verschiedener Epochen, was meinen Begleiter von Gegenwart und Sitte derart ablenkte, daß er auf der ersten Stufe der steilen Stiege, die zu Füßen des Fahrgehäuses vom Hochparterre hinunterführte, sich vergaß! So etwas, hat mir später meine Freundin versichert, konnte einem so stubenreinen Geschöpf nur in meiner Gesellschaft passieren. Das nahm ich gern hin. Härter aber traf mich der Vorwurf, den mir im Augenblick des peinlichen Ereignisses der Portier des Hauses machte, der zum Unglück gerade, als wir uns vergaßen, die Nase aus seiner Loge steckte. In richtiger Erkenntnis meiner Mitschuld wandte er sich nicht an das Hündchen, sondern an mich. Er zeigte mit grau drohendem Finger auf die Stätte der Untat und herrschte mich an: > Wat? Sie woll'n ein jebildeter Mensch sint? < (ebd. 10-11)

Als er den Hund der Freundin aus einem fremden Haus abholte, gingen sie die Treppe hinunter und der alte Fahrstuhl und der Geruch brachten den Hund dazu, auf einer Stufe „sich zu vergessen". (ebd.11) Dies nahm der Erzähler gelassen hin, doch für ihn entstand eine peinliche Situation, als der Portier des Hauses ihn mit einem erhobenen Finger ermahnte und ihm seine Mitschuld am Missgeschick verdeutlichte. Die Pointe der

Anekdote besteht darin, dass der Hausportier dem sich als Bildungsbürger verstehenden Flaneur mit seinem berlinischen Dialekt: „Wat? Sie woll´n ein jebildeter Mensch sint?" (ebd.) entgegnet und sich selbst als ungebildet entlarvt.

Das lustige an diesem ironischen Text ist, dass er in Hochsprache geschrieben ist und gegensätzlich zur lockeren Geschichte steht. Den alten Fahrstuhl sieht der Erzähler durch einen fantasievollen Filter, sodass er ihn wie der Hund als bedrohlich und mystisch wahrnimmt. Auch die Wappendamen auf bunten Fenstern haben seiner Meinung nach beim Hinsehen einen irren Blick. Der Hund wird liebevoll als „Hündchen" bezeichnet und als treuer Begleiter angesehen. Beim Erzählen der Geschichte treten manchmal Pronomen wie *uns* und *wir* auf, was ein Gemeinschaftsgefühl zwischen dem Haustier und dem Erzähler erzeugt.

Beim genauen Hinsehen kann der Leser erkennen, dass alle außer dem Flaneur zielgerichtet schauen. Der urbane Müßiggänger ist die einzige Person, die sich zunächst einen Überblick verschafft, ohne eine bestimmte Intention zu verfolgen. Die Frauen, die am Fenster sitzen, können keine Flaneure sein, weil sie laut der Definition ein Ziel verfolgen, zumal weibliche Flaneure eher selten sind. Auch die Frauen, die nicht harmlos angeschaut werden wollen, blicken den Erzähler an, sind aber auch keine Müßiggänger, weil sie das Ziel haben, als potenzielle Liebhaberinnen angesehen zu werden. Da ihr Beobachten einen Zweck hat, scheiden sie als Flaneure aus.

Aus der Flaneur-Perspektive wirft der Erzähler drei Mal einen Blick in die Fenster. Zwei Mal sieht er im Hofinneren Sekretärinnen und Nährinnen und den Vogel im Käfig. Einmal geht er die Straßen entlang und betrachtet Frauen, die auf Kissen abgestützt am Fenster sitzen. Während der Flaneur die Arbeiterinnen im Büro und dem Nähsaal vom Hof aus betrachtet sowie den Vogel und die Frauen am Fenster beobachtet, sehen die genannten Betrachteten ebenfalls aus dem Fenster und haben einen eigenen Fokus. Die Sekretärinnen und die Näherinnen lenken sich von der Arbeit mit der Straßenmusik ab und haben somit einen Grund für das Beobachten und können keine Müßiggänger sein. Sie machen so lange Pause, bis der Chef kommt und sie sich der Arbeit wieder widmen. Der Vogel, welcher als Einziger die Musik der Straßenmusiker kommentiert, ist unfreiwillig an dem Musizieren der Straßenmusiker beteiligt, da ihn die Musik eher erschreckt und ihn hinblicken lässt. Die Portiersfrau geht ihrer Arbeit nach und lenkt sich auch ab.

Durch die Ablenkung fühlen sich die Angeschauten in den Fenstern nicht so stark beobachtet, als wenn der Flaneur sie auf der Straße lange anschauen würde, und er fällt selbst nicht unangenehm auf. Andererseits ist er für seine Betrachtungsobjekte sichtbar und kann auch zum Objekt werden. Dennoch muss er aufpassen, sie nicht so ausgiebig anschauen, wie er möchte. Die voyeuristischen Züge des Flaneurs, die das Beobachten der Menschen im Gebäude und der Mädchen beim Spielen betreffen, entpuppen sich als ein harmloses Interesse an den dort arbeitenden Näherinnen und Sekretärinnen und ihrem Verhalten bzw. an der Bewegung der Beine.

 Wie sich gezeigt hat, präferiert es der Flaneur Mädchen und Frauen anzuschauen, die für ihn neutral konnotiert sind, weil er die Stadt als eine Frau begreift. Diese gehen ihren Freizeitbeschäftigungen nach, sei es das Sitzen auf den Kissen, Pause im Büro oder das Prallballspielen der Mädchen. Wie Keidel betont, erfolgt bei Hessel in seiner späten Werkphase die Domestizierung von starken Gefühlen gegenüber der bewusst erotischen Erscheinung von Frauen oder dem als weiblich identifizierten Erscheinungsbild der Stadt (Keidel 2006: 95).

5.4 Voyeuristisches Flanieren: Von meinem Arbeitszimmer aus

In der Episode *Von meinem Arbeitszimmer aus* geht es um den Ich-Erzähler, welcher fast täglich von seiner Wohnung aus auf die Fenster eines Bürohauses blickt (Genazino 2013: 87-89). Der Ablauf eines Arbeitstages im Büro und die danach anschließende Reinigung des Arbeitsplatzes durch das Reinigungspersonal werden durch genaue Wahrnehmung kommentiert und reflektiert. Dieser Textauszug entspricht in den meisten Fällen den rhetorischen Parametern des Feuilletons. Die Erzählung ist in kurzer Form verfasst, wobei von einem ganzen Arbeitstag der beobachteten Angestellten auf etwas mehr als zwei Seiten erzählt wird.

Der Ich-Erzähler beobachtet mit genauem Blick den Arbeitsalltag, welcher aus routinierten Tätigkeiten wie dem Öffnen der Fenster, dem Anschalten des Lichts und dem Kümmern um die Pflanzen sowie dem Arbeiten am Computer und am Rechenautomaten besteht. Beeinflusst von Robert Walser ist in diesem Text ein gesellschaftskritischer Blick erkennbar. Um den Verlauf des Büroalltags zu beschreiben, bedient sich der Autor der parataktischer Satzkonstruktionen. Die Sätze sind meist kurz oder es werden zwei Hauptsätze von einem Komma getrennt und sind in Präsens geschrieben. Dadurch entsteht ein einfacher, sachlicher und linearer Schreibstil, der dem Ablauf des Arbeitstags entspricht. Andererseits wird durch die kurzen Hauptsätze eine hektische und ruckartige Stimmung vermittelt, die die Schnelligkeit des Verlaufs betont:

Morgens gegen halb acht flammen die Neonröhren an den Zimmerdecken und danach die Bürolampen über den Schreibtischen auf. Die Herren nehmen Platz, die Damen schauen zuerst nach dem Wohlergehen der Zimmerpflanzen. Einige Fenster werden fünf Minuten lang aufgeklappt, jetzt ist das Frischluftproblem auch erledigt. Danach geschieht nichts mehr; es wird gearbeitet: am Computer und Rechenautomaten. (Genazino 2013: 87)

Der analytische Blick des Erzählers registriert die Zeit, in der die Abläufe geschehen, sowie die Dauer der oben genannten Tätigkeiten. Das wiederholte Flanieren führt zu einer präzisen Darstellung, was an einen Bericht erinnert. Durch seine saloppen Bemerkungen wird die berichtende Art unterbrochen. Die Aussagen wie „Jetzt ist das Frischluftproblem auch erledigt" (ebd.) erzeugen eine lockere Erzählweise. Des Weiteren ist folgender Satz merkwürdig: „Danach geschieht nichts mehr; es wird gearbeitet: am Computer und Rechenautomaten", da er den Ablauf der Arbeit nicht als erwähnenswert und von Bedeutung ansieht. Das Arbeiten wird vom Flaneur nicht mehr genau angeschaut, da er es für uninteressant hält. Hingegen sieht er zu, wie ein Angestellter auf den Balkon rauchen geht. Daraufhin registriert der Erzähler die Zeit, bis wann die Angestellten arbeiten. Er beobachtet nicht die Art und Weise, wie sie sich beim Arbeiten verhalten, sondern das Arbeiten wird als Stagnation angesehen. Der knappe Satz: „Die Angestellten bleiben bis 16.30 Uhr auf ihren Plätzen." (ebd.) zeigt, dass nichts Erwähnenswertes in dieser Zeit passiert. Daraufhin wird seine Beobachtung wieder dynamisch; als der Feierabend einsetzt, können es die Angestellten nicht erwarten, ihren Büroalltag hinter sich zu lassen, wobei er keine ausgeprägten Regungen in ihrem Verhalten und Aussehen erkennen kann. Die Freude der Angestellten über den Feierabend wird vom Erzähler mit dem komischen Satz: „Danach – als gäbe es eine Bürosirene – suchen sie ihre Taschen, Regenschirme und Hüte, und erst dabei zeigen sie, wie unaufgeregt sie sind." (ebd.) kommentiert. Die schnellen Bewegungen der Angestellten sieht der Flaneur als einen Widerspruch zu deren Gesichtsausdrücken. Er hat den Eindruck, dass sie ihre unaufgeregte Mimik zeigen. Wie schon *Am Stadtrand* sieht sich der Erzähler die Gesichter der Frauen an, um ihr Alter oder ihre Emotionen daraus ablesen zu können. Daraufhin bemerkt er, dass die meisten Frauen und Männer im Büro übergewichtig sind. Außerdem sind sie schlicht und praktisch gekleidet, was sie unscheinbar macht: „Die Frauen tragen türkisfarbene Pullis und schlichte Röcke, die Männer ärmellose Westen und unscheinbare Hosen." (ebd.) Seine weitere Bemerkung ist humorvoll: „Man kann sagen: Das Personal passt zu seinen Schreibtischen." (ebd.)

Er beobachtet dann das Ende des Arbeitsalltags im Büro mit einer umgangssprachlichen Beschreibung der Abläufe: „Jetzt decken sie ihre Arbeitsgeräte mit Plastikhüllen ab, knipsen das Licht aus und verschwinden." (ebd.) Daraufhin registriert er die Dauer, wie lange es im Büro dunkel bleibt, bis das Licht wieder eingeschaltet wird. Die Dunkelheit dient in diesem Fall als Symbol für den Übergang vom Büroalltag zum Arbeitsalltag des Reinigungspersonals.

Als die Putzfrauen erscheinen, betrachtet er sie, genau wie die Angestellten, mit einem ästhetischen Blick. Er stellt aufgrund der Äußerlichkeiten fest, dass die Putzfrauen eine gute Figur haben und attraktiver als die Angestellten gekleidet sind. Beim Anblick der Frauen widerstrebt es ihm, sie Putzfrauen zu nennen, weil sie jung und attraktiv sind. Des Weiteren beobachtet er sie bei ihren routinierten Arbeitsabläufen, wobei er ihre Optik immer wieder kommentiert und seine Assoziationen äußert:

> Dennoch tragen sie kleine Plastikeimer in die Räume und fangen an, mit gelben Lappen über Schreibtische und Fensterbretter zu wischen. Die Frauen sehen aus wie Filmstars der sechziger Jahre, die leider keine Engagements mehr finden. Sie wirken – eine von ihnen hat ein etwa vierjähriges Kind mitgebracht – deswegen so erstaunlich, weil sie meinem überkommenen Bild von Putzfrauen total widersprechen. Vor ungefähr 35 Jahren, als ich zuletzt in Büros gearbeitet habe, waren Putzfrauen alte und hässliche Frauen ohne Berufsausbildung. (ebd. 88)

Seiner Meinung nach passen die Frauen nicht zu dieser Art von Arbeit, da sie aufgrund ihres Aussehens eher zu den Schauspielerinnen gehören. Das Aussehen der Frauen ist der Grund für sein Unverständnis. Denn er hat einen festen Stereotyp von Putzfrauen im Kopf, das zu den gesehenen Frauen nicht passt. In einer Rückblende erinnert er sich an die Zeit, in der er selbst im Büro gearbeitet hat und das Putzpersonal hässlich und ohne Berufsausbildung war. Diese Einbeziehung der Vergangenheit zeichnet den Erzähler als Flaneur aus, der das Damals und Heute einander gegenüberstellt. Er vergleicht seine Erinnerungen mit der heutigen Situation und muss feststellen, dass sich die Gesellschaft zunehmend verändert hat. Den Beruf der Reinigungskraft üben heutzutage auch bereits berufstätige Menschen aus. Der Erzähler vermutet, dass die vom Fenster aus betrachteten Frauen, die er abschätzig „Putzmodels" nennt, hier ihrem Zweitjob nachgehen. Ihre Hauptberufe bezeichnet er als „wirkliche" Berufe, um aufzuzeigen, dass der Zweitjob eine Notwendigkeit darstellt. Denn seiner Meinung nach reichen die Finanzen für ein konsumorientiertes Leben nicht aus. Er betont, dass „eine gewöhnliche Arbeitsstelle" (ebd.88) nicht ausreicht. Beim Betrachten der Optik der Frauen, die er salopp als „Aufmachung" bezeichnet, leitet er seine Vermutung ab. Indirekt spricht hier der Erzähler die Kulissenhaftigkeit der Großstadt Frankfurt an, die er symbolisch als oberflächliche Weiblichkeit versteht.

Des Weiteren sieht der Erzähler den Frauen ihre Eitelkeit an:

Eine der Frauen holt einen Taschenspiegel hervor und malt sich die Lippen nach. Eine andere schaut fünfzehn Sekunden lang in den leeren Hof hinunter. Es entsteht eines der Bilder von Edward Hopper, von denen man nicht weiß, warum sie melancholisch sind. (ebd.)

Erst schaut er eine Frau an, die sich schminkt, dann die andere, die in den leeren Hof hinuntersieht. Auch hier registriert er sekundengenau, wie lange die eine Frau hinschaut. Dann assoziiert er mit dem Gesehenen ein Bild von Edward Hopper, was in ihm eine melancholische Stimmung hervorruft.

Anschließend betrachtet der Flaneur drei eintretende Männer, die ebenfalls als Reinigungspersonal im Büro arbeiten und Männer der Frauen sind. Diese sind genauso wie die Frauen jung, sportlich, schickt angezogen und gut gelaunt. Dabei hält er wieder die Dauer fest, wann sie angekommen sind. Wieder, wie schon bei den Büroangestellten, werden die genauen Arbeitsabläufe berichtend vom Flaneur wahrgenommen und durch Bemerkungen kommentiert:

Nach weiteren zwei Minuten öffnen sich die Zimmertüren, und drei junge Männer treten ein. Auch sie sind schlank und schick angezogen und offenbar guter Laune. Die Männer berühren kurz (ihre) Frauen, einer küsst das Kind. Danach ziehen die Frauen (das Kind nehmen sie mit) in die nächsten beiden Büroräume und machen dort weiter. Die Putzmänner reinigen die Böden, leeren die Papierkörbe und die Aschenbecher. Es wird zwischen den Frauen und Männern eine Art Arbeitsteilung sichtbar. Die Frauen entstauben die Räume, die Männer sind für das Grobe zuständig. (ebd.)

Die dort arbeitenden Männer werden umgangssprachlich als „Putzmänner" bezeichnet, die ähnlich wie „Putzmodels" abwertend konnotiert sind. Seine Wahrnehmung ist sehr genau, sodass er die genauen Tätigkeiten der Reinigungspersonals nennen kann und dadurch eine Arbeitsteilung zwischen Frauen und Männer bemerken kann.

Im letzten Teil der Episode führt das Gesehene dazu, dass sich der Ich-Erzähler mit dem Thema Nebenjob beschäftigt und wissenschaftliche Belege für seine Behauptungen auflistet. Diese experimentelle Vorgehensweise ist in den neueren Flaneurtexten weit verbreitet. Er assoziiert er mit dem Gesehenen den Grund, wieso die Frauen als Putzkraft tätig sind. Seine Gedanken schweifen ab und er verbindet mit dem Betrachteten die Tatsache, dass immer mehr Menschen zusätzlich einen Zweitjob annehmen müssen. Ein gewöhnlicher Arbeitstag wird aus der Flaneur-Perspektive zum Anlass, sich die folgenden Fragen zu stellen: Wie haben Putzfrauen auszusehen? Wer macht diesen Job? Wie sieht die Arbeitssituation in Deutschland aus? Er betont, dass sich qualifizierte Arbeitnehmer einen Nebenjob suchen, damit sie ihren Lebensstandard aufrecht erhalten können. Zu betonen ist, dass in Genazinos Werken meist Figuren auftreten, die finanzielle Schwierigkeiten haben und in ungesicherten finanziellen Verhältnissen leben.

Darüber hinaus merkt man im Text Walsers Einfluss, wenn der Erzähler abschweift und statistische Daten zum Thema „Nebenjob in Hessen" heranzieht. Es werden statistische Erkenntnisse präsentiert, um die Aussagen zu belegen. Der letzte Teil erinnert an einen Zeitungsartikel, den der Erzähler gelesen hat. Der Erzähler greift spielerisch die erwähnten Informationen aus der Zeitung auf, was dem rhetorischen Parameter des Feuilletons entspricht. Mit dem Artikel werden die für die Zeitung typischen negativen Schlagzeilen und warnende Tendenzen bedient:

Immer mehr Menschen brauchen einen Nebenjob, um ihren Lebensstandard zu halten. Betroffen sind vor allem qualifizierte Arbeitnehmer, teilt das Statistische Landesamt in Wiesbaden mit. Die Erhebungen des Amtes zufolge stieg die Zahl der Erwerbstätigen mit Zweitjob seit 2005 um zirka ein Viertel. Damals hatten 100 000 Berufstätige (3,6 Prozent) einen Nebenjob, fünf Jahre später, 2010, waren es schon 126 000 (4,3 Prozent). Mit einem Anteil von 36 Prozent hatte mehr als jeder dritte Feierabend-Jobber eine hochqualifizierte Ausbildung. (ebd. 89)

An dieser Episode sieht man ganz deutlich voyeuristische Züge, da der Ablauf eindeutig und detailliert beschrieben wird und der Ich-Erzähler fast täglich in die Büroräume schaut. Der objektiv verdächtige Ich-Erzähler unterscheidet sich aber von einem Voyeur, da er zwar heimlich andere bei der Arbeit beobachtet, aber keine explizit sexuelle Komponente damit verbunden ist. Da einseitige Beobachtung stattfindet, nimmt der Erzähler dem Stalker ähnliche Charakterzüge an. Diese kann man jedoch mit der Wahrnehmung des Flaneurs erklären. Der Ich-Erzähler nimmt das Gesehene mit dem so genannten gedehnten Blick wahr, welchen Genazino auf Fotografien in einem Essay anwendet. Dabei blickt der Flaneur auf ein Bild, wobei ein langes und zeitlich gedehntes Beobachten des Objekts vorausgesetzt wird. Dadurch kann sich das Objekt wandeln und entspricht damit nicht dem Mainstream, viele Bilder in kurzer Zeit bewältigen zu können (Hermann 2011: 168).

Des Weiteren erinnern die Annahmen über das Gesehene an Baudelaires Gedichte. Ein Vorgehen, das durch Assoziationen die Fantasie anregt und eine Geschichte über das Gesehene entstehen lässt, ohne zu wissen, ob sie stimmt. Die eigenen Erfahrungen und Meinungen des Ich-Erzählers werden klar zum Ausdruck gebracht, sowohl aus der Vergangenheit als auch jene aus der Gegenwart. So erfährt der Leser auch Teile der Biografie des Erzählers. Durch die typische Ich-Perspektive eines Flaneurs wird der Leser selbst zum Beobachtenden. Somit stellt sich das vermeintlich voyeuristische Verhalten des Flaneurs als eine Möglichkeit dar, Gesellschaftsanalyse zu betreiben.

5.5 Flanieren als Kindheitserinnerung: Die Paläste der Tiere

In dem Feuilleton *Die Paläste der Tiere* beschreibt der Ich-Erzähler ausführlich den Berliner Zoo, wobei er auch auf dessen historische Hintergründe und Entstehung sowie auf seine eigenen Kindheitserinnerungen eingeht (Genazino 2013: 137-142).

Der Fokus liegt auf den Unterkünften der Tiere. In einer wohlwollenden Sprache werden die naturnahen Behausungen der Tiere erläutert. Einerseits hält der Ich-Erzähler in einer Momentaufnahme die gegenwärtige Situation fest. Andererseits finden hier auch Vergleiche zwischen damals und heute statt. Als Person, die ihre Kindheit in Berlin verbracht hat und diesen Ort wieder aufsucht, um das Verbliebene und Vertraute zu sichern, versucht der Ich-Erzähler seine Erfahrungen aus der Kindheit mit der Gegenwart zu vergleichen. Größtenteils tritt der Erzähler hinter seinen Beobachtungen zurück, nur gelegentlich taucht er als Kommentator auf, der den Leser durch seine Denkstruktur leitet.

Die Textstruktur dieses Feuilletons zeichnet sich durch einen episodischen Handlungsablauf aus. Die Textabschnitte werden mithilfe von Überleitungen des Erzählers zusammengehalten sowie durch den abgetrennten Abschnitt am Ende des Textes. Die äußere Handlung überwiegt in dieser Episode und äußert sich durch aneinandergereihte Beschreibungen von Tierunterkünften. Die innere Handlung hingegen tritt in Form von Kommentaren des Erzählers auf, der sich durch ironische Bemerkungen, rhetorische Fragen oder das Nachempfinden des Kinderblicks auszeichnet.

Am Anfang führt zunächst ein neutraler Erzähler den Leser in die Ortschaft des Berliner Zoos ein. Dabei geht er behutsam auf den Ursprung des Zoos ein, welcher früher eine königliche Fasanerie war. Das Erzähltempo ist gedehnt, um die Details über diese Ortschaft preiszugeben. Der Erzähler greift auf die Erinnerungen Ebertys zurück, der seine Information wiederum von einem alten Berliner hat. Durch die metadiegetische Erzählung wird die Bedeutung des Zoos für die Stadt deutlich (Martinez/Scheffel 2012: 79). Die Darbietungsweise erinnert an einen Reiseführer, weil es viele geschichtliche Hintergrundinformationen enthält. Ähnlich wie in Benjamins *Einbahnstraße* tritt historische Entwicklungsgeschichte auf. Kurze Zeit später tritt ein auktorialer Erzähler auf, dessen Blick den Standort des Zoos präzisiert:

Von drei Seiten hat ihn dann die wachsende Stadt umschlossen und nur im Norden behütet ein Stück Tiergarten seine Häuserferne. Aber auch da, wo ihm die Häuser dicht auf den Leib gerückt sind und der Lärm der Hupen, das grelle Licht der Scheinwerfer und Reklamen über seine Mauern dringt, - man hat kaum das Portal mit den torhütend lagernden Steinelefanten durchschritten und ist in einer anderen Welt. (Hessel 1984: 157)

Der Zoo wird trotz seiner Nähe zu der wachsenden Stadt als eine andere Welt betrachtet, die sich von der chaotischen Großstadt abschottet. Mit der umgangssprachlichen Redewendung „auf den Leib rücken" verleiht der Erzähler dem Textabschnitt eine gelassene Atmosphäre. Die Steinelefanten sieht der Erzähler als Wächter des Zoos an, die er sich auch als lebendig vorstellt.

Bevor der Erzähler von den Tieren spricht, beschreibt er den Weg durch den Tiergarten, welcher am Vierwaldstättersee vorbei führt. Diese Beschreibung ist als Übergang vom historischen Hintergrund zum Flanieren im Zoo zu verstehen. Aus der Perspektive eines Spaziergängers, der sich in ländlicher Gegend aufhält, hält der Flaneur fest, dass im Frühling sich die Alleen in Kurpromenaden der Brunnentrinker verwandeln, die mit ihrem Glas Karlsbader in der Hand ihren heilsamen Rundgang machen. Dieser Perspektivenwechsel, den auch später Autoren wie Richard Wagner übernahmen, dient dazu, die Gesamtheit Berlins möglichst komplett zu erfassen.

Als er weitergeht, beobachtet er die vorbeigehenden Menschen und die Situation:

Auch ein herrliches Kinderreich ist der Zoo. Babys werden spazieren gefahren, Jungen toben auf den Spielplätzen. Und auf der sogenannten Lästerallee bei Musik kann die reifere Jugend die Grundlagen des Flirts erlernen; wenigstens war das zu unserer Jugendzeit so. (Hessel 1984: 138)

Für den Flaneur ist der Zoo ein herrliches Kinderreich und eine Idylle, die durch seine beobachtete Momentaufnahme zu erkennen sind. Er bezieht die Berliner in die Erinnerung mit ein, als er von „unserer Jugendzeit" spricht und ein Gemeinschaftsgefühl hervorruft. Wie auch im Feuilleton *Der Verdächtige* sieht er mit einem intentionslosen Blick. Der Zoo eignet sich gut, um sich an seine eigene Kindheit und die damit verbundene glückliche und unbeschwerte Zeit zu erinnern und sich in die Wahrnehmung der Kinder dort hineinzuversetzen.

Daraufhin bemerkt der Ich-Erzähler, dass er auf die Beschreibungen der Tiere nicht eingehen möchte, da es seiner Meinung nach schon viele Bücher über sie gebe und er dem nichts hinzuzufügen habe. Vielmehr möchte er auf die für ihn merkwürdigen Behausungen der Tiere eingehen, die er als ästhetisch ansprechende Phänomene betrachtet. Er zeigt sich verständnisvoll, dass die Tiere eine passende Unterbringung brauchen, da sie zum Anschauen gefangen sind. Er hält in genauer und ausführlicher Beschreibung die Art der Unterkünfte fest, wobei die äußeren Geschehnisse überwiegen. Dabei versucht er dem Leser die Künstlichkeit und Inszenierung der Behausungen vor Augen zu führen:

Der Geier hat hier auch seinen Horst, einen echten Felsen mit Alpenkraut und Latschenkiefern, die die Spalten wurzeln. Und doch sind die Felsblöcke wie Kulissen, wie Versatzstücke. Und wie vor Puppentheater stehen die Kinder vor den Eisenstäben, hinter denen der wilde Raubvogel hockt. Ach, ihren Augen ist sein Riesenkäfig vielleicht gar nicht größer als der enge Bauer des Piepmatzes zu Hause am Fenster. Der Zoo ist überhaupt eine Fortsetzung der Kinderstube. Die roten und gelben Steine des Bärenzwingers, die weißen und blauen des Vogelhauses, die gelben und blauen des Löwenheims, sie erinnern uns an die Steinchen der Baukästen. Zu Stein und Holz- und Stahlbaukasten kommt noch Mosaikpuzzle, und wir haben den maurischen Stil, das Venedig, die Tausendundeinacht der schönen Gebäude im Zoo. (ebd.)

Der Flaneur bemerkt, dass die Kinder an der Ausstattung des Zoos ihre Freude haben, wobei die eigene Fantasie ein entscheidender Punkt ist. So nimmt der Flaneur wahr, dass die Kinder vor den Eisenstäben des Geiers wie vor Puppentheater stehen. Er beobachtet, wie die Kinder den Vogel beobachten, und versucht mit den Augen eines Kindes zu sehen. Er stellt mit Bedauern fest, dass die Wahrnehmung der Kinder die tatsächliche Größe des Riesenkäfigs des Geiers nicht realisiert. Mit einer lustigen Bemerkung, die die Vermutung beinhaltet, dass der Käfig des Geiers ihnen nicht größer erscheint als der Käfig, den sie zu Hause für ihren Vogel haben, den er scherzhaft als Piepmatz bezeichnet, kommentiert er das Gesehene. Der Erzähler bedient sich einer Metapher, wenn er den Zoo als eine Fortsetzung der Kinderstube bezeichnet. Des Weiteren vergleicht er die bunten Steine der Behausungen mit den Steinchen der Baukästen. Außerdem verbindet er mit den farbenfrohen Materialien Märchen, Magie und fantasievolle Gestalten. Somit sieht er eine Verbindung zwischen dem Zoo und der Kindheit als etwas Erfreuliches an, wenn die Kinder die außergewöhnlichen Tiere in ihren Behausungen sehen.

Der Erzähler betont weiter, dass der Zoo die Aufgabe habe, die alten Tierkulte der Vorzeit festzuhalten. Die ästhetisch ansprechenden Tempel haben wenig Vorteile für die Tiere. Der Titel des Feuilletons *Die Paläste der Tiere* ist ironisch, da die Tiere sie nicht als Palast wahrnehmen können. Es belustigt den Flaneur, dass die Tiere keine Verwendung für diese gestalteten Gebäude haben.

Der hat ja neben anderem auch die würdige Aufgabe, die alten Tierkulte der Vorzeit fortzusetzen, und so hat man denn den Tieren Tempel gebaut: Das Kamel hat seine Moschee. Ihm zu Ehren, wenn es wohl auch nichts davon hat, ist die weiße Wand mit einem ganz unbenutzten Gitterbalkon geschmückt, und es überragt sie ein Turm, der oben einen Halbmond trägt. Von da könnte der Muezzin das Abendgebet sprechen nach der Fütterung. Einen echt altägyptischen Tempel haben die Strauße. Wenn sie aus ihren Toren ins Freie wippen, sind sie von Hieroglyphen und Pharaonenstatuen umrahmt. Im Schlußstein ihrer Türen schweben die Sonnen der Heiligen Reiches. Auf den Säulen des Eingangs bewegen sich unter Blumenschäften Tänzerinnen, Zither- und Flötenspieler, und der Gott mit dem Sperberkopf wandert wandentlang. In einem Repräsentationsraum ihres Hauses, den sie selbst nie betreten, haben die Strauße zur Erinnerung an die Heimat zwei Memnonsäulen nebst Nil gemalt bekommen. (ebd. 138-139)

Genau beobachtet der Flaneur die Architektur und den Schmuck der Gebäude. Sarkastisch bemerkt er, dass das Kamel „wohl auch nichts davon hat" (ebd. 138). Außerdem beschreibt er die Vorgänge im Tempel der Strauße und ausführlich den Schmuck der Säulen. Der Erzähler bedient sich der Alliteration, indem er die Phrase „wandert wandentlang" benutzt und den Text poetisiert.

Dann sieht der Flaneur das Nilpferd-Haus, das er als etwas Unheimliches und Geheimnisvolles beschreibt:

Innen ist ein schauriges rotes Götzenheim, in dem Kinder vor den breiten Zwischenräumen der Gitterstäbe sich fürchten, dahinter die unheimliche Masse sich wälzt. Von außen gesehen ist es eine Art Badehaus aus Backstein mit einem Bassin, in welches das Ungeheuer sich bequem gleiten läßt wie eine dicke alte Dame. (ebd. 139)

Wieder übernimmt er den Blick des Kindes und stellt sich vor, dass das Nilpferd lustigerweise ein Ungeheuer, die unheimliche Masse oder eine alte dicke Dame sei. Die Kinder, die zum ersten Mal ein Nilpferd sehen, nimmt er als ängstlich und aufgeregt wahr. Er versucht, wie schon vor dem Käfig des Geiers, den Blick der Kinder nachzuempfinden. Dabei hilft ihm seine eigene Kindheitserinnerung, da er in Berlin aufgewachsen ist. Da aber diese Erinnerung ziemlich lange zurückliegt, ist es wahrscheinlich, dass es eine idealisierte und nicht ganz wahrhafte Erinnerung ist. Somit ist dieser Blick durch Künstlichkeit gekennzeichnet. Anders als in *Der Verdächtige* sind die Anblicke der Tiere aus der Kindersicht interessant, exotisch und etwas Besonderes. Sein Blick fällt weiter auf die Affen, die wie Kinder auf dem Spielplatz turnen und spielen. Sarkastisch bemerkt der urbane Müßiggänger: „Um die Loggien seines Palmenhauses mit ihrem Blumenschmuck kümmert er sich nicht. Die überläßt er seinen Zuschauern". (ebd.)

Darüber hinaus stellt der Erzähler dem Leser in ironischer Manier rhetorische Fragen bezüglich des Interesses der Tiere für ihre Behausung und kommentiert diese liebevoll:

„Ob sich der Indische Elefant für die Mosaikdrachen interessiert, die auf den Türen seines Palastes abgebildet sind? Liebt das Zebra sein afrikanisches Gehöft, der Büffel sein Borkenpalais? Dem Rentier müßte es immerhin sympathisch sein, daß an seinem Haus der Dachzierat sich ganz so gabelig verzweigt wie sein eigenes Geweih. Und Bison und Wisent sollten Ehrfurcht haben vor den Totensäulen, wo über Vogelschnäbeln Fratzengötter Frösche schlucken. Die weißen Mäuse wissen wohl kaum, daß auf den Fenstern ihrer Villa schöne Glasmalereien sind. Ihnen ist der Brotlaib, den sie durchnagen und durchwandern, mit seinen Löchern Haus genug. Aber von den koketten Meerschweinchen glaube ich, daß sie ihren winzigen Barockpalast genau kennen, sie schnuppern an seinen Malschitzsäulen, beäugen seine Wölbungen. Und die Stelzvögel sind sicher stolz auf die japanische Pracht ihres Heims, die Tauben auf die Schiebeläden ihres Boardinghouse. Stolz sind sie auch auf ihre Namen, die Masken ihrer Pracht: Mönchssittich, Büffelweber, Flötenwürger, Perlbart. Aber das ist ein Kapitel für sich [...] (S. 139-140)

Der Flaneur sieht sich die schönen Abbildungen, Architektur und Glasmalereien der Tierpaläste an, die für die Besucher des Zoos bedeutend sind. Das Gesehene wird durch Alliterationen poetisiert, wenn der Flaneur bemerkt, dass „Fratzengötter Frösche schlucken" oder wenn die weißen Mäuse den Brotlaib „durchnagen und durchwandern." (ebd. 139)

Weiter fällt der Blick des Erzählers auf ein Schild am Musikpavillon, auf dem „Nur für

Erwachsene" steht. Zusätzlich kommentiert er belustigt den Standort des Schildes, welches sich „nahe bei den möblierten Schluchten des Lamas" (ebd. 140) befindet. Auch der Musikpavillon ist für Erwachsene, darin musizieren Soldaten. Salopp macht der Erzähler die Bemerkung: „In dem werden am Tage Soldaten eingesperrt, die blasen und trommeln müssen." (ebd.) Daraufhin erzählt der Erzähler, was den Kindern ein älterer Vetter erzählt hat. Dadurch handelt es sich um einen auktorialen Erzähler, weil er mehr als der Flaneur weiß. So ermöglicht diese Perspektive, die Welt mit den Kinderaugen zu sehen, wenn der Leser folgendes erfährt: „Nachts gehen – das hat den Kindern ein naseweiser älterer Vetter eingeredet – die Flamingos aus dem benachbarten Teich in den Pavillon schlafen." (ebd.)

Die Fantasie und die Leichtgläubigkeit, die den Kinderblick bestimmen, werden hier ganz deutlich erkennbar. Der Erzähler versucht hier wieder die fantasievolle Welt eines Kindes zu verdeutlichen. Neben den Tieren werden im Zoo auch Nomaden zur Schau gestellt, die der Erzähler als „Wilde Völker" bezeichnet. Er schaut auf Somalis, Tripolitaner sowie Inder, die für die Völker typische Handlungen im Alltag ausführen, was für noch mehr Exotik im Zoo sorgt.

Im letzten Abschnitt erinnert sich der Erzähler an seine Kindheit, als er mit seinem älteren Onkel in das frühere Aquarium ging. Er benennt den ungefähren Standort des Aquariums, das sich an einem anderen Ort als der Zoo befand.

Aquarium – da fällt mir das frühere ein, das in einer Seitenstraße der Linden lag. Ein sehr alter Onkel hatte in der Nähe seine Garconniere und nahm mich kleinen Jungen ein paarmal mit in das Haus, in dem die Tiere des Meeres wohnen. Und gerade da, wo die Tiefseefische zwischen Algen und Korallen, Tierpflanzen und Pflanzentieren des seimig quellenden Meeresgrundes schwammen, war ein Büffett für die Besucher eingerichtet. Und da aß ich mit Schauer eine unterseeische Schinkenstulle, und der Onkel trank Bier, das hinter seinem Glase wallte wie der Met, den Thorr bei den Riesen aus dem Weltmeer aus geschenkt bekommt. (ebd. 140-141)

Dieser Abschnitt zeichnet sich durch einen fantasievollen, magischen, unheimlichen und furchterregenden Blick in die Vergangenheit aus, in welcher die große Vorstellungskraft in der Kindheit zum Ausdruck kommt. Das Stichwort Aquarium löst im Flaneur den Wunsch ein Teil seiner Biografie mitzuteilen. Mystisch wird die Kindheitserinnerung ins Gedächtnis gerufen, wenn die Fische als „die Tiere des Meeres" bezeichnet werden. Den genauen Ort der Tiefseefische beschreibt der Erzähler in poetischer Art. Des Weiteren bezieht er die germanische Mythologie ein, wenn er das Bier im Glas seines Onkels als etwas Mysteriöses und Märchenhaftes beschreibt. So sah der Erzähler als kleiner Junge das Bier wie ein Getränk an, das der germanische Gewitter- und Wettergott Thor von den Riesen aus dem Weltmeer bekommen hat.

Der Erzähler versucht die Magie und die Fantasie sowie den magischen Blick seiner Kindheit wiederzugeben und erneut zu erleben. Als Kind reichte ihm ein besonderes Erlebnis, um sich in die schauerliche und fantasievolle Welt zu versetzen. So aß er dort „mit Schauer eine unterseeische Schinkenstulle." (ebd.) Der banale Vorgang des Essens wurde für den Flaneur durch den besonderen Ort als ein Abenteuer erlebt, das er gemeistert hat.

Daraufhin wird das damalige Aquarium mit dem heutigen im Berliner Zoo verglichen. Während früher das Aquarium etwas Höhlenhaftes, Irrgartenähnliches mit Überraschungen und Abenteuern wie das „Tierleben" seines Begründers Brehm war, ist das gegenwärtige ein aufrechtes, übersichtlich gegliedertes Gebäude, dessen Stockwerke ungefähr den drei Elementen Wasser, Erde und Luft entsprechen. Da die Kindheitserinnerungen real erlebt und auch mit der Zeit idealisiert wurden, erscheint ihm das heutige Aquarium nicht mehr magisch, sodass er es nicht mit dem kindliche Blick betrachten kann. Das Verborgene des alten Aquariums ist wie die Flanerie, deren Wege wie im Labyrinth oder Irrgarten unvorhersehbar sind. Das befremdet den Flaneur, wobei die Veränderung des Aquariums nicht als eine Verschlechterung angesehen wird. Vielmehr ist es eine flaneurhafte melancholische Betrachtungsweise, die die letzten Spuren des Verbliebenen zu sichern versucht. Die Zeit hat in diesem Fall eine symbolische Komponente, die die Veränderung des Zoos im Laufe der Jahre aufzeigt.

Darüber hinaus bemerkt er, dass die Heimat der Tiere im Zoo aus Schaubehältern und Glasbecken besteht, in dem sich die Lebewesen dynamisch fortbewegen. Dies ist paradox, weil es nur eine nachgestellte Heimat ist, die für Besucher gedacht ist. Weiter werden die Behausungen und die Lebensumstände der Tiere betrachtet, wobei fortwährend eine Dynamik in der Beschreibung des Gesehenen besteht. Diese entsteht durch die Verben der Bewegung. In einer Aneinanderreihung werden die Handlungen der Tiere vom Flaneur beschrieben. Dabei ist eine Zeitraffung des Blicks erkennbar.

[…] und von einer Brücke aus Bambusstäben kann man zusehen, wie die Krokodile aus seichtem Wasser auf ihre tropisch warme Sandbank kriechen. Die Echsen bewohnen ihren Karst, die Klapperschlange ihr trockenes Stück brasilianische Erde. Für das Behagen der Riesenschlange ist durch künstliche Südsonne gesorgt. Nicht minder heimatlich haben es die Kleinen der Kleinsten. Der Helgoländer Hummer haust in echt Helgoländer Gestein, die Forelle in einem Gebirgsbach, der über Geröll plätschert. Die Biene arbeitet in ihrem Stock, dem Heimchen ist ein Herd gemauert und die Schabe in echter Küchentisch mit schmutzigem Geschirr hingestellt. Der Scarabäus findet Kuhmist vor, um daraus die Kugelpillen zu drehen, in denen seine Eier Larven werden sollen. >Seegras, Seerose und Seegries> wie für Christian Morgensterns Hecht vom heiligen Anton wachsen in bewellten Algengefilden. Sogar Seegurken gibt es, und unter den Seenelken ist eine mit wachsweißen Blütenblättern wie eine Chrysantheme, die durch Zauber zu einem gierig schlängelnden und langenden Tier geworden ist; manche Frau könnte sie gut statt der harmlos fallenden Stoffblume am Kleide tragen. (ebd. 141)

Aus der Perspektive eines Zoobesuchers steht der Flaneur auf der Brücke und beobachtet die Tiere. Wie schon im ersten Teil des Textes werden die Inszenierungen der Tierunterkünfte beschrieben. Dabei ist es ein liebevoller Blick, wenn der Flaneur die Hummer als „die Kleinen der Kleinsten" bezeichnet oder die Pflanzen als schön betrachtet und als Schmuck für Frauen empfiehlt. Die Momentaufnahme ist genau und wohlwollend festgehalten. Dabei bringen die Lebewesen den Flaneur dazu, sich poetisch auszudrücken. So treten Alliterationen auf (Helgoländer Hummer, Kleinen der Kleinsten), um dies zu unterstreichen.

Anschließend bleibt der Flaneur am Fischreich stehen und erfreut sich an den Bewegungen und dem Aussehen der Wasserbewohner.

Aber am schönsten ist es am kleinen Fischreich, wo papierdünne Flossenblätter ihre Kiemenfächer regen, wo die großen Welse mit Bartfäden tasten, wo das Seepferdchen den knochenzarten Kopf neigt, wo wechselnde Farben und wandernde Muster alle Kunstgewerbler-Phantasie überbieten, wo man Chanchito und Cichlide, Goldorf und Güster, Olm und Ukelei heißt. Da findet der Liebhaber auch die erstaunlichen Schleierschwänze, eine Zierfisch-Zuchtrasse, die mit ihrem bunten Schleppgewand in der Freiheit gar nicht leben könnte, so vornehm ist sie. (ebd. 142)

Dem Erzähler gefällt der Fischreich besonders. Aus ästhetischer Sicht eines Künstlers und eines Fischkenners werden die verschiedenen Fische aufgezählt und mit großem Interesse bewundert. Die Körperteile der Fische werden vom Flaneur detailliert beobachtet und mit einem gutmütigen Blick betrachtet, wobei die Bewegung der Meeresbewohner besonders beachtet wird. Ferner bedient sich der Erzähler einer Anapher, indem er fünf Mal *wo* am Satzanfang wiederholt und damit aus seiner Sicht die Besonderheit des Fischreichs unterstreicht.

5.6 Flanieren als Kindheitserinnerung: Ein Trost während meines Schulwegs

Die Episode *Ein Trost während meines Schulwegs* handelt von der Transformation der Kioske seit den 60er Jahren bis in die Gegenwart (Genazino 2013: 124-125). Die eher unscheinbaren Verkaufsstätten wie Kioske sind für den Erzähler bedeutend, weil sie ein Stück seiner Kindheit sind und er als Zeitzeuge die damalige besondere Atmosphäre Revue passieren lässt. Der Erzähler stellt die vertraute Welt seiner Kindheit der veränderten und fremden Gegenwart gegenüber. Deshalb möchte der Erzähler die noch vorhandenen Spuren der Geschichte der Kioske, welche vom Auslöschen bedroht sind, sichern (Köhn 1989: 179).

Die Geschichte ist distanziert verfasst und zeigt somit die Haltung zur gegenwärtigen Situation. Dieses Feuilleton zeichnet sich dadurch aus, dass die erste Hälfte des Textes ein erinnerndes Flanieren ist. Im zweiten Teil geht es um das Flanieren in einem Einkaufskiosk. Der Text besteht aus drei thematischen Einheiten: den damaligen Kioske, den heutigen Kioske und dem Problem des Alkoholmissbrauchs damals und heute. Als Erstes werden die Veränderungen des Kiosks dargestellt. Daraufhin verbindet er mit dem heutigen Kiosk den Alkoholismus und führt ein Beispiel auf. Die Kindheitserinnerungen des Erzählers sind in Präteritum geschrieben und zeigen somit die Rückwende an. Die Sprache weist, wie für das Feuilleton typisch ist, Umgangssprache auf.

Wie in den meisten Episoden in *Tarzan am Main* führt der Erzähler eine Gesellschaftsanalyse durch, indem er als Zeitzeuge einen Bogen von seiner Kindheit zur Gegenwart schlägt. Da in Frankfurt die Geschichte wenig sichtbar ist, gibt er dem Leser einen Überblick über die Vergangenheit. In seiner Erinnerung stellt sich das erinnernde Ich die Kioske aus seiner Kindheit vor, die für ihn während seines Schulwegs tröstend waren:

Ein Trost während meines Schulwegs waren zwei kleine Kioske, schmale Häuschen, ein älteres Modell aus Holz, das andere aus richtigen Backsteinen gemauert. Es waren überwiegend Schulkinder, die ihren Schulüberwindungsbedarf hier kauften, Objekte der Verzauberung, die es bis in die sechziger Jahre gab, später nicht mehr. Das schlichteste Objekt war die gemeine Zuckerstange, fingerdicke Stäbchen, die es in zwei Größen gab. Die andere Beglückung am Kiosk war der sogenannte Waffelbruch, zerbrochene Waffelstücke, die der Hersteller nicht wegwerfen wollten. Sie sammelten sie in kleinen Tüten, die ein paar Pfennige kosteten. Wenn man Glück hatte, klebte an mancher Waffel noch ein Stück Zuckerzeug. Die dritte Wegzehrung war der Höhepunkt des ganzen Schulwegs, die zehn Pfennig kostete: die Wundertüte. Es war eine zugeklebte Papiertüte von der Größe einer Brieftasche. Ihr Inhalt: zwei oder drei Bonbons, ein Kaugummi, ein Luftballon – und ein winziger Plastikring oder eine Brosche aus Blech, die sich die Mädchen sofort an den Pullover hefteten. Das Angebot der Kioske war sehr klein. Außer dem Kinderkram verkaufte der Mann hinter der Theke ein oder zwei Tageszeitungen und – für die Mütter – zwei Modezeitschriften mit Schnittbögen. (Genazino 2013: 124)

Als Schuljunge kaufte der Erzähler in zwei Kiosken, die für ihn und die anderen Kinder aufgrund der liebevollen Erinnerung ein magischer Ort waren, seinen 'Schulüberwindungsbedarf'. Als Erstes assoziiert man mit den Kindheitserinnerungen das Buch von Franz Hessel *Der Kramladen des Glücks*, in dem der Ich-Erzähler das einzig wahre Glück in der Kindheit und den mit ihr verbundenen Süßigkeiten sieht. Auch der Ich-Erzähler in diesem Text hat seine Kindheit in guter Erinnerung. Mit einem wohlwollenden Blick (zwei kleine Kioske, schmale Häuschen, ein älteres Modell aus Holz, das andere aus richtigen Backsteinen gemauert), beschreibt er die Süßigkeiten als „Schulüberwindungsbedarf", „Objekte der Verzauberung" oder „andere Beglückung am Kiosk". (ebd.) Auch die vielen Attribute, die die Kindheitserinnerungen beschreiben, versuchen die Vergangenheit dem Leser anschaulich zu machen.

Die Beschreibungen der Süßigkeiten fallen sehr detailliert aus, sodass man das Gefühl hat, dass der Erzähler den Leser über die Nascherei aufklären und keine Kleinigkeit auslassen möchte. Durch die vielen Relativsätze erscheinen die Beschreibungen wie Definitionen. Die Süßigkeiten haben für den Erzähler verschiedene Bedeutungen, sodass er eine Rangliste benennt, wobei die Wundertüte den Höhepunkt darstellt. Die Kindheitserinnerungen lassen den Leser an die eigene Kindheit denken. Dadurch kann sich der Leser mit dem Ich-Erzähler identifizieren. Mit seiner Bemerkung: „Objekte der Verzauberung, die es bis in die sechziger Jahre gab, später nicht mehr" (ebd. 124) erzeugt der Erzähler eine nostalgische und wehmütige Atmosphäre, die an die guten alten Zeiten erinnert und die Melancholie eines Flaneurs als eine Reaktion auf die Veränderung der Lebensumstände in der Großstadt zum Ausdruck bringt.

Obwohl es um die Kindheit des Erzählers geht, tritt er in der Erinnerung fast gar nicht auf. Nur im ersten Satz erfährt der Leser, dass die Kioske ein Trost während seines Schulwegs waren. Später erscheint ein auktorialer Erzähler, der über die Kioske berichtet. Der Erzähler möchte mittels dieser Perspektive die gemeinsamen Kindheitserfahrungen der damaligen Generation aufzeigen. Des Weiteren ist die Erinnerung an die Kioske anonymisiert, da man weder den genauen Ort noch den Namen der Kioske oder der Menschen erfährt. Diese Anonymität wird durch das unpersönliche „man" und „der Mann hinter der Theke" bestärkt. Im Text treten außerdem durchgehend umgangssprachliche Elemente auf (z.B „Kinderkram"), die mit der Erinnerung an glückliche Zeit übereinstimmen.

Daraufhin stellt der Erzähler die heutigen Kioske den damaligen gegenüber. Er sieht die heutigen Kioske als einen starken Gegensatz zu denjenigen aus den 60er Jahren. Seine Entfremdungsgefühle zum aktuellen Zustand äußert er durch die folgende Aussage „Die heutigen Kioske haben mit ihren Vorläufern fast nichts mehr zu tun." (ebd.) Zum einen ist das Angebot enorm gewachsen, zum anderen sind Kinder nicht mehr das Hauptklientel dieser Verkaufsstätten. Zwar sind in den heutigen Kiosken nach wie vor Süßigkeiten zu kaufen, aber der Großteil der Kunden sind nun Erwachsene, die wenig Zeit zum Einkaufen haben. Beim genauen Hinschauen muss der Erzähler feststellen, dass sich die Zeit geändert hat. Er distanziert sich von den Einkaufskiosken, indem er sich der Ironie bedient und das Unermessliche des Kioskangebots belächelt:

Auf einen Einkaufskiosk (so werden sie heute genannt) kann man sich immer verlassen, denn die meisten haben bis 23.00 Uhr geöffnet. Sie bieten alles an, was der Mensch plötzlich braucht: Schnittbrot, Käse, vakuumverpackte Wurst, Postkarten, Zeitschriften, Kugelschreiber, Präservative, Filme, Nylonstrümpfe, Milch und, vor allem, Alkohol, sozusagen für jeden Bedarf und fast in jeder Menge. (ebd. 125)

So sieht er die Einkaufskioske als fremd an, wenn er eine Bemerkung wie „so werden sie heute genannt" macht (ebd.). Die Komik entsteht durch die folgenden Sätze: „Auf einen Einkaufskiosk […] kann man sich immer verlassen", und: „Sie bieten alles an, was der Mensch plötzlich braucht". (ebd.) Sarkastisch bemerkt er, dass das Hauptklientel Erwachsene seien, „die keine Zeit für den Supermarkt hatten". (ebd.)

Vor allem aber sind aus seiner Sicht die Kioske Alkoholstationen geworden, wie er selbst feststellt: „Man muss nicht einmal genau hinschauen, um sofort zu begreifen, dass die Kioske heute vor allem Alkoholstationen sind". (ebd.) Ab dieser Stelle im Text merkt man anhand des Verbs *hinschauen* dass der Erzähler flaniert und die Kunden des Kiosks wahrnimmt. Dabei weiß man nicht, ob das erlebende Ich seine Flanerie im Einkaufskiosk wiederholt, um sich ein besseres Bild von der Situation zu verschaffen, oder ob es spontane Eindrücke eines Abends sind. Vieles spricht dafür, dass der Flaneur seinen Müßiggang wiederholt, denn auch in anderen Feuilletons resultiert seine genaue Beschreibung aus immer wieder erlebten Beobachtungen.

Hier nimmt er die Umgebung als Streuner wahr, wenn er die Stadt Frankfurt als Junk-Space betrachtet. Dieser Zustand ist so offensichtlich, dass er nicht man genau hinschauen muss, um dies zu erkennen (ebd.). Ähnlich wie bei Baudelaire konzentriert sich der Erzähler auf Randfiguren. In diesem Fall sind es die Alkoholkranken. Weiter geht der Erzähler auf die Kunden im Kiosk ein. Dabei ist es nicht klar, ob er gerade flaniert oder seine allgemeine Beobachtungen zusammenfasst. Denn der Ich-Erzähler ist in der Geschichte anwesend, ohne aber direkt daran beteiligt zu sein. Ähnlich wie in Kracauers Flanerien taucht der Streuner in das Geschehen ein, wobei er seine Subjektivität hinter dem Gesehenen stellt (vgl. Neumeyer 1999: 332-333). Vermutlich ist er als Kunde im Kiosk getarnt und beobachtet von der Seite die alkoholkranken Menschen. Er schaut Männer an, die kurz vor Thekenschluss den Kiosk aufsuchen und charakterisiert den Trinker von heute anhand seiner Beobachtungen:

Bis kurz vor Thekenschluss erscheinen Männer mit leeren Taschen und kaufen Bier, Korn, Cognac. Es fällt auf, dass sich die Männer nicht mehr (wie früher) an die Kiosktheke stellen, zwei Bier trinken und dann weiterziehen. (ebd. 125)

Wie Robert Walsers Flaneur hält sich der Erzähler an einem Ort auf, wo man als Kunde die anderen lange beobachten kann. Er betrachtet das Verhalten der Kunden und ihre Einkäufe. Seine Wahrnehmung ist genau, sodass er die gekauften Alkoholsorten benennen kann. Des Weiteren zeigt die Aussage: „Es fällt auf" […] (ebd.) sein genaues und selektives

Beobachten an. Dem Ich-Erzähler fällt auf, dass die Männer nicht mehr wie früher alkoholische Getränke an der Kiosktheke trinken, und weist auf die Diskretion der heutigen Trinker hin, die üblicherweise ihre Sucht nicht öffentlich zeigen. Deswegen besuchen sie den Kiosk, wenn es dunkel und fast leer ist. Somit symbolisiert die Nacht die Zeit, in der die Großstadtmenschen ihren geheimen Gelüsten anonym nachgehen. Wie schon bei Walser nutzen die Menschen die Großstadtstraße, um als Trinker nachts ihre unterdrückten Wünsche nachts zu verwirklichen und somit die Sucht zu befriedigen (Köhn 1989: 137). Durch die Anonymität der Großstadt fühlen sich die Trinker geschützt und unbeobachtet.

Der letzte Teil lässt den Leser nachdenklich werden. Wie Walser zeigt auch Genazinos Text gesellschaftskritisches Bewusstsein. Der Erzähler reflektiert über die Alkoholsüchtigen und schweift mit seinen Gedanken ab. Denn es werden detailliert die typischen Verhaltensweisen eines Süchtigen beschrieben und aufgezählt.

Der Trinker von heute ist eine diskrete Suchtpersönlichkeit geworden, die ihr Laster kaum noch öffentlich zeigt – Extremfälle ausgenommen. Der Trinker erscheint spät mit der leeren Aktentasche, packt drei oder vier Flaschen ein – zahlt und trinkt zu Hause. Ob das ein Vorteil ist? Vermutlich nicht. In den eigenen vier Wänden ist die Schamgrenze am niedrigsten, die Toilette am nächsten, und der öffentliche Selbstverrat fällt ganz aus. (ebd. 125)

Die folgenden Beschreibungen zeigen deutlich, dass der Erzähler die Großstadt als eine Krisenlandschaft sieht. Es ist bekannt, dass Genazinos Schriften von Kracauer und Walser geprägt worden sind. Man sieht im Text deutlich die Elemente des Abschweifens und die freie Beziehung von Darstellungselementen. So zeigt diese Episode die Alkoholabhängigen als Teil der Krise in Frankfurt. Wie Botho Strauß betreibt er Gegenwartsanalyse, um die Gesellschaft zu verstehen.

Eine rhetorische Frage bezüglich des heimlichen Trinkens stellt der Erzähler dem Leser und sich selbst: „Ob es ein Vorteil ist?" Daraufhin reflektiert der Erzähler darüber, ob dieses Verhalten der Süchtigen eher positiv oder negativ zu werten sei. Diese beantwortet er im nächsten Satz mit: „Vermutlich nicht". Er kommt zu dem Schluss, dass das heimliche Trinken schlimmere Folgen nach sich ziehe. So bleibt der Leser mit einem unguten Gefühl am Ende der Geschichte zurück. Der soziale Abstieg, einer der zentralen Themen bei Genazino, wird hier behandelt. Auch dies lässt ihn als einen Streuner erkennen, weil er ungemütlichen und unangenehmen Situationen noch einen Reiz abgewinnen kann (Genazino 2006: 103).

Mithilfe seiner häufigen Beobachtungen der gesellschaftlichen Veränderung kann er

Schlussfolgerungen ziehen. Somit steht die Veränderung des Kiosks im Laufe der Jahrzehnte im immensen Kontrast zur heutigen Situation. Während früher die Schüler den Kiosk als ihre Rettung sahen, sind es heute Männer, die mithilfe des Einkaufskiosks ihr Leben erträglich machen.

5.7 Gedankliches Flanieren ohne einen Ich-Erzähler: *Der Pendler hat inzwischen eine Geliebte*

Anders als die untersuchten Feuilletons von Hessel und Genazino ist die Episode *Der Pendler hat inzwischen eine Geliebte* (Genazino 2013: 98-100) untypisch für einen Flaneurtext. Zunächst ist die Ich-Perspektive nicht vorhanden, denn es wird die innere Welt eines Pendlers aus der Perspektive eines personalen Erzählers dargestellt. Möglicherweise ist er mit dem Zug unterwegs, während er seinen Grübeleien nachgeht. Dabei erfährt der Leser sowohl von den in der Vergangenheit liegenden Ereignissen als auch von den gegenwärtigen und seinen zukünftigen Vorhaben. Zweitens geht der Erzähler nicht durch die Stadt, sondern der Leser kann dem Gedankenkarussell, in dem die Großstadt Frankfurt eine entscheidende Rolle spielt, folgen. Er ist auf der Suche nach einer Lösung für sein Problem. In Gedanken sieht sich der Streuner sein Liebesleben an. Erst die Situation mit der Ehefrau, dann jene mit der Geliebten. Die Atmosphäre ist nachdenklich und verzweifelt. Annahmen und Meinungen werden dargestellt. Wie es für einen Streuner typisch ist, ist sein Umhergehen – wenngleich in seinen Gedanken und vor seinem geistigen Auge – ziellos und er benutzt den Stadtraum als Erinnerungsraum (Genazino 2006: 153).

Diese Episode ist ein Teil eines Komplexes, denn schon auf den Seiten 59-60 von Genazinos *Tarzan am Main* wird in dem Feuilleton *Die Männer sitzen oder stehen* die Pendler und die Situation in den ICEs beschrieben, und auf den Seiten 118-119 erzählt der Ich-Erzähler in *Das jahrelange Pendeln* von seinen Beobachtungen der Personen am Hauptbahnhof. Dadurch ist dem Leser klar, dass es sich in dieser Episode um den Ich-Erzähler des Buchs handelt, was zunächst teilweise verheimlicht wird. Anders als aus der Ich-Perspektive kann man sich mit dem personalen Erzähler nicht identifizieren und liest distanziert die Beschwerden des Pendlers. Darüber hinaus erscheint die Hauptfigur anonym, was wiederum distanzierend wirkt. Einen weiteren Grund für den Perspektivenwechsel stellt die Tatsache dar, dass Genazinos Texte das Beobachtete generalisieren. So stellt er eine Studie über den durchschnittlichen Pendler, der in Frankfurt arbeitet. Die Sichtweise eines Pendlers ermöglicht es ihm außerdem, seine Gefühlswelt zu äußern.

Schon am Anfang sieht der Pendler sein Dilemma um seine Ehefrau und Geliebte vor seinem geistigen Auge:

> Seine Ehefrau weiß nichts von ihrer Konkurrentin, aber sie rechnet sich aus, dass er in ein zweites Verhältnis eingetreten sein muss. Die Geliebte hingegen weiß über die Ehegeschichte sehr gut Bescheid. Das liegt zum Teil an ihrer Neugierde, zum anderen Teil an seiner Art, sich als Opfer seiner Verhältnisse darzustellen, wovon weder die Ehefrau noch die Geliebte etwas wissen will. Beide stellen sich den Mann nach wie vor als Souverän seiner Existenz vor, was ihn bei beiden ärgert. Sie haben eben keine Ahnung, was es bedeutet, als Nobody in einer großen Angestelltengesellschaft zurechtzukommen. Der wichtigste Punkt ist die Auflösung der früheren Identität von Wohnort und Arbeitsort. Mit dieser Auflösung begann auch die Auflösung seiner Ehe. (Genazino 2013: 98)

Auch hier, wie in anderen Texten Genazinos, wird ein gesellschaftskritisches Phänomen am Beispiel eines Mannes näher beleuchtet, wobei thematisch selten über die Eheprobleme geschrieben wird. Die Thematik des Angestellten in Frankfurt ist wiederum bei Genazino häufig vorzufinden. Vor allem werden die Schwierigkeiten und die berufliche Situation thematisiert. So erfahren wir, dass der personale Erzähler als Nobody nach Frankfurt kam und sich erst in der Angestelltengesellschaft zurechtfinden musste. Der personale Erzähler eignet sich in diesem Fall besonders, um die Reaktion des Erzählers auf sein Beziehungschaos und seine beruflichen Herausforderungen aufzuzeigen. Der Leser erfährt die Gedanken der Figur durch personale Innensicht. Außerdem ist die Dreiecksbeziehung auch typisch für einen Flaneurtext, denn Flaneure wie Hessel und andere betrachteten sich immer als Mitglieder der Boheme.

Streuner in Frankfurt

In dieser Episode ist der Erzähler ganz deutlich dem Streuner zuzurechnen, weil er laut Definition die Kriterien wie Unruhe und negative Auswirkung der Großstadt auf den Erzähler erfüllt. Außerdem beschäftigen ihn unangenehme Dinge und Situationen im Leben, die in ihm lange Grübeleien auslösen. Die Erzählung richtet sich an den Erzähler selbst, der dadurch seine Gedanken zu ordnen versucht. Auch wenn der Streuner nicht flaniert, zeichnet er sich durch seine Eigenschaften und Herangehensweise an Situationen, die ihn als Figur selbst betreffen, aus.

Andererseits ist im Text auch der *observateur* erkennbar. Die Großstadt Frankfurt ist laut dem Erzähler der Grund für das zu erwartende Ende seiner Ehe. Und die Stadt ist für seine Zerrissenheit, Gefühlswelt und Grübelzwang verantwortlich. Sie ist außerdem eine Ansammlung von Schwierigkeiten. Als Streuner findet der Erzähler keinen Platz auf der

Welt und ist unruhig. Die Großstadt, in der die moralischen Grundsätze gefährdet sind (Ehebruch, Geliebte, Grund für seine Zerrissenheit), ist kein Platz für die Boheme, in der Dreiecksbeziehungen möglich sind. Man erhält des Weiteren einen Einblick in die Lebensumstände (Geliebte, Entzweiung, Ende der Liebe zur Ehefrau), welche durch das Pendeln zwischen zwei Städten entstanden sind (vgl. Köhn 1989: 23-24).

Der Erzähler sieht den übermäßigen Konsumdrang seiner Ehefrau als die Hauptursache für die Zerrüttung seiner Ehe. Der Leser erfährt nur eine Seite der Geschichte und kann die Sichtweise seiner Frau nicht wissen. Er beschuldigt seine Frau, denn er hatte das Gefühl viel Geld verdienen zu müssen. Er ist unzufrieden, dass er keine Gegenleistung von seiner Frau bekommt, obwohl er der Hauptverdiener in der Familie ist. Andererseits fühlt er sich auch von seiner Geliebten unter Druck gesetzt, weil sie eine Trennung von seiner Frau erwartet und selbst sich von ihrem Mann getrennt hat.

Der Pendler befindet sich in einem Dilemma, denn auf der einen Seite hofft er auf eine Versöhnung mit seiner Frau, auf der anderen Seite zweifelt an der Idee, seine Ehefrau gegen eine neue einzutauschen. Wie auch schon in der Episode *Von meinem Arbeitszimmer aus* spricht der Erzähler die Konsumsucht der Frauen an, die nur durch einen Zweitjob oder wie in dieser Episode durch Überstunden des Ehemanns ermöglicht wird. Wenn man die Metropole als Weiblichkeit begreift, dann kann man den Konsumwahn der Frauen mit der Kulissenhaftigkeit gleichsetzen. Da seine Frau seiner Meinung nach konsumsüchtig ist und sich an äußerlichen Dingen orientiert, ist sie genau wie in *Von meinem Arbeitszimmer aus* kulissenhaft wie die heutige Großstadt ohne Tradition, Geschichte und ohne einen tiefsinnigen Zweck.

Er scheint sich außerdem in einer Lebenslage zu befinden, die nicht seiner Vorstellung entsprechen, der er sich aber resigniert fügen muss. Das macht den personalen Erzähler zu einem Streuner in Frankfurt, der, wie Genazino beschreibt, keinen Platz in der Welt findet und sich immer in der Warteschleife befindet. Wie die Episode zeigt, ist der Erzähler im Gedankenkarussell gefangen, dem er nicht entkommen kann, weil er nach einer einfachen Lösung sucht, die es in seiner Situation nicht geben kann.

Da er zwischen zwei Frauen steht und sich letztendlich nicht entscheiden kann, wie er weiter vorgehen soll, ist er überfragt. Er versucht die Schuld an seiner Misere anderen zu geben, anstatt zu sehen, dass er auch daran beteiligt ist und der Verursacher ist. Er möchte nicht noch einmal heiraten, aber sein Pflichtbewusstsein und seine Vorteile zwingen ihn dazu, nicht das zu tun, was er möchte. Er möchte in das Bild der perfekten Familie passen, ohne dabei wirklich zufrieden und im Einklang mit sich selbst zu sein. Der letzte Satz zeigt, dass der Erzähler resigniert hat: „Wenn es eng wird, dann wird er verstummen und sich fügen". (Genazino 2013: 100)

Betrachtungsobjekte

Alle Objekte, die der Pendler in seinen Gedanken betrachtet sind weiblich. Dazu gehören die Ehefrau, die Geliebte und die Angestelltengesellschaft Frankfurt. Zu den nicht belebten Objekten gehört die Wohnung des Pendlers, die aufgrund der Ausstattung für ihn eine teure Angelegenheit darstellt. Somit ist Geld und der Kredit neben der Frauen ein ausschlaggebender Betrachtungspunkt. Diese Objekte sind alle negativ konnotiert, da diese mit Schwierigkeiten und Ausweglosigkeit verbunden sind. Der Pendler sieht weder seine Ehefrau noch die Geliebte als etwas Erfreuliches in seinem Leben an. Dies äußert sich in der Beschreibung der beiden, welche teilweise abwertend ist und die Unzufriedenheit des Erzählers zum Ausdruck bringt. Die unterschiedliche Lebenseinstellung betrachtet er als einen wichtigen Grund für die Schwierigkeiten zwischen ihm und den Frauen.

Am Ende dieser Episode stellt er sich die Zukunft mit seiner Geliebten vor, was in ihm keine guten Gefühle auslöst, sondern ihn verzweifeln lässt:

Es ist verrückt: Es wird der Tag kommen, an dem seine Geliebte geheiratet werden möchte – mit allem, was das bedeutet. Die zweite Ehefrau wird in den Möbeln der ersten Ehefrau nicht leben wollen. Ein zweiter Kredit wird nötig werden. Er hat sich vorgenommen, dann Reißaus zu nehmen, egal wohin. Auf keinen Fall will er gleichzeitig zwei Banken verpflichtet sein. Oder er wird sagen, dass diesmal die neue Frau den Kredit aufnimmt. Aber er weiß auch, dass er nicht die Stirn haben wird, eine solche Bedingung zu stellen. Sein innerer Zwang verlangt von ihm, dass er einer Frau nichts schuldig bleiben möchte. Die Frau bringt ihre Schönheit ein, ihre Jugend, ihren Körper, ihr Entzücken – und er zahlt. Es ist schrecklich: wie in einem verstaubten Fontane-Roman. Er mag kaum glauben, dass sich seither nichts verändert haben soll, aber wenn es eng wird, dann wird er verstummen und sich fügen. (ebd.)

Zwar ist seine Geliebte geduldig und verständnisvoll, aber der Pendler befürchtet, dass er auch für sie ein Kredit aufnehmen muss. Bei diesem Gedanken scheint Flucht der einzige Ausweg zu sein. Dann spielt er mit dem Gedanken, dass seine zukünftige Frau einen Kredit aufnehmen soll, doch diesen verwirft er sofort, weil er aufgrund seines inneren Zwangs ihr nichts schuldig bleiben und als Hausvorstand angesehen werden möchte.

Dadurch spricht er die traditionelle Rollenverteilung in der Ehe an, in der der Mann die Entscheidungen trifft, für die Finanzen zuständig ist und für die Stabilität steht. Die gesellschaftlichen Normen, die er übernommen hat, erlauben ihm nicht, als unentschlossene Person angesehen zu werden. Seine Gedanken aber zeigen, dass er sich nicht an die Normen halten will und kann und wenig Stabilität aufweist. Die ganze

Situation findet er schrecklich, sie erinnert ihn an einen verstaubten Fontane-Roman (ebd. 100).

Sprache

Ähnlich wie in anderen Texten Genazinos wird die Sprache poetisiert, indem Komik, Ironie und Redewendungen angewendet werden. So benutzt der Erzähler solche Redewendungen wie `Reißaus zu nehmen´ oder `die Stirn haben´(ebd.100), um seine Situation zu beschreiben. Auch Umgangssprache und saloppe und belustigende Ausdrücke, die sein Verhältnis zu seiner Ehefrau und Geliebten klarstellen, treten hier auf. Er drückt das zerrüttete Verhältnis zu seiner Frau aus, indem er sagt: „Wenn er sich schon krummlegt, dann bitte so entspannt und genussreich wie möglich." (ebd. 99) In Bezug auf seine Geliebte äußert er sich ähnlich: „Sie ist ebenfalls von einer Ehe geflohen oder von einer Ehe übriggeblieben". (ebd.)

Des Weiteren finden sich in der Episode Hinweise auf seine Verzweiflung, die seine Gedanken einleiten. So beginnen viele Sätze mit regelmäßig vorkommender indirekter Rede: „Er zweifelt", „Es verbittert ihn erheblich", „Es ist verrückt", „Es ist schrecklich", „Er mag kaum glauben" (ebd. 99-100).

Der Streuner scheint zwar in einem Gedankenkarussell zu sein, aber es entsteht wegen der Beschwerden der Eindruck, dass er auf Mitleid seiner Mitmenschen hofft. Der Leser kann aber aufgrund der distanzierten Erzählperspektive für ihn nur begrenzt Mitleid empfinden, weil der Erzähler unmittelbar an seinem Leid schuld ist. Darüber hinaus bedient sich der grüblerische Erzähler der erlebten Rede („Wenn das nur so einfach wäre!" [ebd. 99]), um den Wunsch nach einer simplen Lösung zu untermauern. Des Weiteren sind Aufzählungen häufig vorhanden, um das Ausmaß der Konsumsucht seiner Frau zu verdeutlichen:

Als sie sich kennenlernten, lebten sie in einer mittelgroßen Zwei-Zimmer-Wohnung in den zurückgelassenen Möbeln der Vormieter. Er war mit dieser Grundausrüstung zufrieden, sie nicht. Sie drängte nach einer großen, neuen Wohnung mit neuen Möbeln, neuen Gardinen, neuen Teppichböden, neuer Wäsche, neuen Haushaltsgeräten, ncucm Herd, neuem Kühlschrank. Er nahm einen Kredit auf und erfüllte die Wünsche seiner Frau. Es verbittert ihn erheblich, dass von seiner Ehe nicht viel mehr übrig geblieben ist als die lähmend langsame Rückzahlung des Kredits. (ebd. 99)

Durch das wiederholte Verwenden von *neuen, neuer und neuem* verdeutlicht der Erzähler, dass viele Anschaffungen für die Wohnung nötig waren. Darüber hinaus bedient er sich der Alliteration *lähmend langsame*, um mit Nachdruck den sich in die Länge ziehenden Kredit deutlich zu machen.

Neben dem personalen Erzähler tritt an manchen Textstellen ein auktorialer Erzähler auf, der vom Innenleben des Pendlers und dem seiner Frau weiß und diese auch ironisch und belustigend kommentiert:

> Im Kern sind beide Kleinbürger, die nicht recht wissen, wie sich sich in Sicherheit bringen sollen. Sicherheit wäre: dass ihnen keine biografischen Unglücke mehr zustoßen. [...] Die gegenwärtige Zerrüttung hat niemand vorhersehen können. (ebd.99)

Frankfurt als Gefahrenquelle

Auffällig ist die Betonung Frankfurts, die in anderen Texten in *Tarzan am Main* nur gelegentlich vorkommt. Die Stadt scheint der Grund für seine Misere zu sein. Frankfurt wird als unberechenbare Stadt präsentiert, in der man sich durchsetzen muss. Somit ist wie schon damals für Mercier die Großstadt schlecht für die Menschen, da sie sie zerstört. Auch Neumann sieht, wie schon in der Definition des Flaneurs erwähnt, dass die Krise der Stadt auch zur Krise des Flaneurs geworden ist (Neumann 2011: 157). Der Erzähler sagt: „Sie haben eben keine Ahnung, was es bedeutet, als Nobody in einer großen Angestelltengesellschaft zurechtzukommen." (Genazino 2013: 98) Der wichtigste Grund für die Arbeit in Frankfurt ist die Tatsache, dass die Stadt als Geldquelle gilt. So erinnert er sich an den Anlass, dort zu arbeiten: „Schließlich ist er nur deshalb in Frankfurt gelandet, weil er unter allen Umständen viel Geld verdienen musste, und zwar im stets fühlbaren Auftrag seiner Frau." (ebd.) Außerdem strahlt die Großstadt Unsicherheit aus, die von den Eheleuten als belastend angesehen wird. Des Weiteren stellt der Erzähler Frankfurt als Konsumwelt dar. Das bedeutet, dass der Fokus im Leben der in dieser Episode auftretenden Menschen auf der Oberflächlichkeit und Inszenierung liegt.

6. Die Wahrnehmung des Flaneurs am Beispiel von Franz Hessels *Spazieren in Berlin* und Wilhelm Genazinos *Tarzan am Main*

6.1 Reales Flanieren: Der Vergleich

Das reale Flanieren ist in den beiden Feuilletons *Tiergarten* und *Am Stadtrand* erkennbar. Die langsame Bewegung des Flaneurs stimmt mit der detaillierten Beschreibung des Gesehenen überein. Der Eindruck vom realen Flanieren entsteht bei beiden Texten durch das Präsens und das Verb der Bewegung *gehen* (Genazino 2013: 94; Hessel 1984: 160).

Genazinos und Hessels Flaneur lassen sich in der Großstadt treiben und nehmen die unscheinbaren Dinge wahr, welche sie mit großem Interesse betrachten. Sie haben einen Grund, warum sie einen Müßiggang unternehmen. Während in *Tiergarten* nach dem Apoll auf dem ehemaligen Kinderspielplatz Ausschau gehalten wird, ist in *Am Stadtrand* der Erzähler am Erholungsspaziergang interessiert. Dies entspricht nicht der zwecklosen Flanerie, doch lassen sich die Gründe erklären. Da der Erzähler in *Am Stadtrand* als Streuner gelten kann, sind seine Beweggründe ersichtlich. In *Tiergarten* dient der Apoll dem Flaneur, um seine Kindheitserinnerungen wieder ins Gedächtnis und vor sein geistiges Auge zu rufen. Auch wenn er ohne bestimmte Richtung flaniert. Außerdem ist bei Hessel neu, dass er Hintergrundinformationen zu seinen Objekten heranzieht und wie ein Reiseführer erscheint. Das Ziel seines Flaneurs ist es, die Geschichte Berlins ersichtlich zu machen.

Während in *Tiergarten* verschiedene Zeitebenen (Gegenwart, Kindheit des Erzählers und weit zurückliegende Vergangenheit) auftreten, ist in *Am Stadtrand* größtenteils eine Zeitebene (Gegenwart) im Vordergrund. Die unterschiedlichen Zeiten machen die Episode vielschichtig und verschlungen. Die Episode, die in der Gegenwart verfasst ist, zeigt hingegen Nüchternheit und Aktualität. Außerdem ist in beiden Texten das reale Flanieren nicht durchgängig, sondern wird durch zusammengefasste Beobachtungen oder gedankliches Flanieren oder Erinnerungen unterbrochen.

Wahrnehmung und Beobachtungsobjekte

Hessels Erzähler zeichnet sich durch einen Blick aus, der sich auf die Ästhetik des Marginalen konzentriert. So schaut er Touristenattraktionen wie das Komponistendenkmal uninteressiert kurz an. Mit seinem ersten Blick beschreibt er detailliert das Gesehene. Es ist ein synthetischer Blick, wenn er versucht, durch die Augen eines Kindes zu sehen. Die Dunkelheit hilft dem Erzähler, den kindlichen Blick mithilfe der Fantasie lebendig zu machen und den damaligen Tiergarten zu visualisieren. Sie ermöglicht es, die Dinge aus einer geheimnisvollen Perspektive zu betrachten. So erscheinen die Liebesallee und die Pfade im Tiergarten mystisch. In dieser Episode reicht dichtes Laub, um etwas Geheimnisvolles dahinter zu vermuten. Auch in *Am Stadtrand* tritt *der* ästhetische Blick auf, wobei er sich auf den letzten Teil des Feuilletons beschränkt, als der Erzähler eine Katze im Schaufenster sieht und detailliert beschreibt. Er blickt die Katze wohlwollend und intentionslos an. Sie symbolisiert für ihn Gelassenheit. Während bei Hessel die Putten und Denkmäler großes Entzücken hervorrufen, ist es bei Genazino die Katze, welche Glück und Gelassenheit ausstrahlt. Somit liegt der Fokus bei Hessel, abgesehen vom kurzem Schauen auf die Liebespaare, auf Leblosem und bei Genazino auf Lebewesen wie Menschen und Tieren.

Bei Hessel und bei Genazino ist ein sozialkritischer Blick vorhanden. Als Genazinos Streuner junge Verkäuferinnen bei der Arbeit beobachtet, betrachtet er sie mit dem Ziel, die Gesellschaft und die Arbeitswelt zu verstehen und zu studieren. Mit seinem genauen Blick betreibt er beinahe physiognomische Studien, als er die Gesichter anschaut und sie als sehr jung einschätzt. Er verwendet keine Hilfsmittel wie die Dunkelheit in Hessels Episode, sondern versucht durch seinen gedehnten Blick die realen Gegebenheiten festzuhalten. Die Skulpturen und Denkmäler lösen bei Hessels Flaneur verschiedene Gefühle aus. Vor allem zeigt sich deutlich, dass die Wilhelminische Zeit von ihm kritisch gesehen wird, während die weit zurückliegende Vergangenheit positiv konnotiert ist.

In *Am Stadtrand* nimmt der urbane Müßiggänger Details wie einen Kassettenrecorder im Brotregal und später eine Katze im Schaufenster wahr, was genaues Hinsehen und einen langsamen Gang eines Flaneurs voraussetzt. Genazinos Flaneur will keine gemeinsame Vergangenheit der Stadt aufzeigen, sondern die Gesellschaft unter die Lupe nehmen. Von einem sicheren Beobachtungsort einer Bäckerei aus und später als Passant bei einem Schaufensterbummel kann er wiederholt ruhig seiner Interessen nachgehen, ohne verdächtig zu sein. Auch Hessels Flaneur kann seiner Beobachtungstätigkeit nachgehen. Zum einem sind die Liebespaare abgelenkt, zum anderen sind die Denkmäler und Statuen Sehenswürdigkeiten, die den Flaneur als Tourist tarnen. In *Tiergarten* ist die Wahrnehmung gutmütig und wohlwollend. Ein wesentlicher Unterschied zwischen den beiden Episoden ist, dass Hessels Flaneur Menschen und Denkmäler beobachtet, die ihren Freizeitbeschäftigungen nachgehen, während Genazinos Flaneur sich meist auf arbeitende Menschen, wie die Verkäuferinnen, konzentriert.

Es hat sich gezeigt, dass Hessels Flaneur geschlechtsneutrale oder emanzipierte Objekte bevorzugt, was das Berlin der neu-sachlichen Zeit widerspiegelt. In *Am Stadtrand* sind die Objekte weiblich (Verkäuferinnen und Katze). Anders als bei Hessel findet bei Genazino kein gedankliches Flanieren statt. Gemeinsam ist den beiden Episoden das häufige Flanieren in der gleichen Straße oder am selben Ort, wodurch die gesammelten Eindrücke genauer und detaillierter dargestellt werden können. Genazinos Flaneur beobachtet und reflektiert die Objekte, ohne die Vergangenheit anzusprechen. Hessels Flaneur reicht der Blick auf die Gegenwart, um die Vergangenheit zu erblicken und sich gedanklich in die Kindheit zu versetzen.

Die häufigen Müßiggänge haben bei Genazino den Zweck, Eindrücke zu sammeln, um gesellschaftliche Studien zu betreiben. Während Hessels erster Blick keine erkenntnisreiche Intention verfolgt, sondern die Kunst des Spazierens zu üben versucht.

Insgesamt handelt es sich bei beiden Texten vorwiegend um detaillierte Beschreibungen von Objekten und weniger um innere Handlungen. In *Am Stadtrand* wird in chronologischer Reihenfolge flaniert, wobei Detailbeschreibungen überwiegen. In *Tiergarten* hingegen vermischen sich äußere und innere Handlungen.

Sprache

Die Sprache ist in beiden Feuilletons durch Gelassenheit, Ironie und umgangssprachliche Elemente gekennzeichnet. In *Tiergarten* ist der Erzähler wohlwollend, verständnisvoll und vertrauensvoll gegenüber dem Gesehenen. Die Episode zeichnet sich durch hypotaktische Satzkonstruktion aus, was der labyrinthähnlichen und verschlungenen Flanerie entspricht. Durch die vertraute Sprache möchte der Erzähler ein Gemeinschaftsgefühl beim Leser erzeugen. In *Am Stadtrand* ist die Sprache zunächst durch Hektik gekennzeichnet, die sich jedoch im Laufe der Episode ebenfalls wohlwollend entwickelt, als der Erzähler die Katze im Schaufenster anschaut und somit seine Ruhe und Gelassenheit wiedererlangt.

In Genazinos Text treten häufig Konditionalsätze auf, um die Wenn-Dann-Relation aufzuzeigen. So erfährt man, dass er den Müßiggang unternimmt, wenn seine Arbeit problematisch ist; dass die Verkäuferin die Play-Taste nur dann drückt, wenn der Laden leer ist; dass die Verkäuferin sich über seine Bemerkung gefreut hat, wenn er sich nicht täuscht (Genazino 2013: 94).

Der Anfang von Genazinos Episode erinnert den Leser an einen Tagebucheintrag, welcher von den Schwierigkeiten eines Autors berichtet. Trotz der Ich-Perspektive bleibt in *Am Stadtrand* eine distanzierte Haltung gegenüber dem Leser, bei Hessel ist die Erzählhaltung distanzlos. Am Ende der Episode *Am Stadtrand* ähnelt die liebevolle Sprache jedoch jener in Hessels Episode. Symbolik spielt in beiden Texten eine wichtige Rolle. Die Katze gilt als Inbegriff des Müßiggangs, die Putten als Symbol für die Porzellanmanufaktur oder der Apoll als Symbol für eine glückliche Kindheit in Berlin. Außerdem ist die Farbsymbolik auffällig. So ist die Dunkelheit ein Hilfsmittel für die verblassten Erinnerungen. Weitere Symbole sind Schaufenster und die Theke in der Bäckerei, die den Flaneur als Außenstehenden erkennbar machen. Sie stellen die Barriere zwischen den Beobachteten und dem Beobachter dar. Somit steht er den Menschen bzw. Tieren distanziert gegenüber.

Melancholie

Melancholie als wesentlicher Begleiter des Flaneurs spielt auch beim realen Flanieren eine Rolle. Während bei Hessel aufgrund der Veränderung des Tiergartens wehmütige und melancholische Momente bemerkbar sind, ist bei Genazino die Episode ausnahmsweise positiv und mit einem zuversichtlichen Ende versehen. Dies liegt daran, dass keine Kindheitserinnerungen und keine historischen Einblicke vorhanden sind. Hessels Figur ist am Geschehen beteiligt, weil sie Kindheitserinnerungen mit dem Tiergarten verbindet. Das Benutzen von *wir* oder *unser* zeigt die Nähe zum Beobachteten an. Zwar macht Genazinos Flaneur auf die vergänglichen Dinge wie einen Kassettenrecorder aufmerksam, doch drückt er kein Bedauern durch sein Beobachten aus. Es ist vielmehr ein Entfremdungsgefühl, wie auch bei Hessel, das ihn aber emotional nicht berührt. Er steht dem Geschehen eher distanziert gegenüber, wobei das Ende mit Hessels Figur den ersten Blick gemeinsam hat. Den Apoll in *Tiergarten* hingegen verbindet der Flaneur mit dem Kinderspielplatz aus seiner Kindheit, was in ihm eine wehmütige Stimmung auslöst, da er den Eindruck hat, seine Heimat zu verlieren. Auch die Umgestaltung des Tiergartens in den letzten Jahrzehnten sieht er mit einem melancholischen Blick, was an die radikale städtische Veränderung in Paris 80 Jahre zuvor erinnert und von Baudelaire ebenfalls bedauert wurde.

6.2 Voyeuristisches Flanieren: Der Vergleich

Die Episoden *Der Verdächtige* und *Von meinem Arbeitszimmer aus* weisen sowohl Gemeinsamkeiten als auch Unterschiede auf. Die Handlungsstruktur von Hessels Text teilt sich in zwei Teile auf: in die Einführung in die Schwierigkeit des alleinigen Flanierens in Berlin und in das Flanieren mit Begleitung, was durch einen abgetrennten Abschnitt deutlich zur Geltung gebracht wird. Genazinos Episode unterteilt sich ebenfalls in zwei Abschnitte: in die Beschreibung des Arbeitsablaufs im Büro und in den Bericht über den Zweitjob in Zahlen. Darüber hinaus weisen die beiden Flaneure voyeuristische Züge auf, die sich aber im Laufe der Textanalyse nicht als haltbar erweisen, weil das heimliche Zuschauen nicht sexuell konnotiert ist und eine andere Intention verfolgt.

Wahrnehmung und Beobachtungsobjekte

Die beiden Feuilletons unterscheiden sich hinsichtlich der Wahrnehmung der Flaneure. Bei Hessel ist es der bekannte erste Blick. Während seiner Flanerie hält Hessels Flaneur das Gesehene als eine Momentaufnahme fest. Dabei werden die Details beschrieben und erläutert. Als urbaner Müßiggänger leistet er sich den Luxus frei schwebender Aufmerksamkeit (Müller 1997: 75). Verdächtig ist der Ich-Erzähler, weil er eine Figur der Differenz darstellt, die langsam geht und Menschen intentionslos anschaut (ebd.) Dadurch hält er sich nicht an die konventionellen Normen. Doch die Figur des Flaneurs besteht auf dem „alte[n] Recht des Genusses und der Muße auch im Zentrum der Modernität." (ebd. 76) Obwohl das Spazieren in Berlin, als der Stadt des Tempos und Betriebs, als anachronistisch-unzeitgemäß angesehen wurde, lässt sich der Flaneur „die Kunst, spazieren zu gehen, nicht nehmen." (ebd.) Er sieht die Menschen auf der Straße und beschreibt, was er sieht, wobei er seine Beobachtung mit der Vergangenheit verbindet. Des Weiteren ist sein Blick künstlich. Wie Lothar Müller richtig sagt, raubt Hessels erster Blick den gesehenen Dingen ihre Eigenlogik und entfremdet sie von ihren Zwecken, sodass sich die Großstadt in ein „phantasmagorisches Kaleidoskop" verwandelt (Müller 1997: 76).

Hessels Flaneur möchte wieder den Blick eines Kindes erlangen, der durch Fantasie und begeisterungsfähige Momente bestimmt ist. Dieser ist ein künstlicher Blick, der zum Beispiel einen alten Fahrstuhl in einen „düsteren Eindringling" verwandeln kann. Bei Genazino hingegen steht der gedehnte Blick im Vordergrund, der die Grundlage für seine Gesellschaftsanalyse darstellt. Zwar ist er auch laut der Flaneur-Tradition mit dem Vergleich mit der Vergangenheit verbunden, aber seine Beobachtungen führen ihn abgesehen von dem Betrachteten zur assoziativen Tätigkeit, die sich auf Vermutungen und Behauptungen stützt. Diese ist angelehnt an Robert Walser, der beim experimentellen Flanieren auch die Reflexionen und Assoziationen in seine Texte einbezog. So nimmt der Ich-Erzähler an, dass die Frauen einer weiteren Arbeit nachgehen. Diese assoziative Denkweise erklärt auch die statistischen Zahlen über den Zweitjob in Deutschland im Vergleich.

Zu unterstreichen ist, dass Genazinos Flaneur in der Episode nicht flaniert, sondern die Angestellten und das Reinigungspersonal eines Büros beim Arbeiten heimlich beobachtet. Hesssels Flaneur hingegen flaniert nicht durchgehend, sondern lässt sich von einer Bekannten oder arbeitenden Menschen führen oder geht mit dem Hund seiner Bekannten als Vorwand für seinen urbanen Müßiggang spazieren.

Einen wichtigen Unterschied zwischen den beiden Feuilletons stellt die Perspektive des Flaneurs dar. Während Hessels Flaneur immer für die anderen sichtbar ist und ebenfalls im Betrachtungsfokus stehen kann, ist Genazinos Flaneur nicht eindeutig für die Beobachteten zu sehen, da er von seinem Arbeitszimmer aus die Menschen beobachtet. So kann man feststellen, dass Hessels Flaneur nicht lange sein Beobachtungsobjekt ansehen kann, ohne negativ aufzufallen. Nur während die Sekretärinnen und die Näherinnen den Straßenmusikern ihre Aufmerksamkeit schenken, darf der Flaneur in *Der Verdächtige* die Frauen anschauen, ohne verdächtigt zu werden. Während Hessels voyeuristische Blicke harmlos erscheinen, weist bei Genazino das fast tägliche Beobachten und die genaue Beschreibung des Arbeitsablaufs beinahe einen Stalker-Charakter auf. Genazinos Blick erinnert an Poes *Man of the Crowd*, wo die Beobachtung ebenfalls von einem geschlossenen Gebäude aus stattfindet. So teilt der Flaneur auch die gesehenen Personen in Klassen ein, die ihm aufgrund des Äußeren als klar erscheinen. Außerdem lässt er seiner Fantasie freien Lauf, reflektiert und stellt Vermutungen zum Beobachteten an.

Des Weiteren ist den beiden Feuilletons gemeinsam, dass die Arbeitsabläufe und die Angestellten dargestellt werden, wobei Hessels Flaneur einen internen Einblick in den Arbeitsalltag erhält und genaue Beschreibungen vornehmen kann. Genazinos Müßiggänger kann zwar jeden Tag das Bürogebäude ausgiebig anschauen, aber es bleibt eine Distanz zwischen ihm und den Angestellten. Andererseits entstehen bei Hessel mehr Schwierigkeiten, die Passanten und die Arbeiterinnen anzuschauen, weil er schnell negativ auffällt. Genazinos Text ist wie seine Perspektive eher distanziert.

Sowohl Hessel als auch Genazino ziehen beim Schauen Frauen den Männern vor. Während

Genazinos Flaneur vorwiegend auf arbeitende Menschen blickt, richtet sich bei Hessels Flaneur der Blick auf Menschen, die ihrer Freizeitbeschäftigung nachgehen. Bei Genazino betrifft ein regelmäßiges Beobachten nur eine Situation, bei Hessel hingegen sind es drei verschiedene Situationen, die ein In-das-Fenster-Schauen betreffen.

Anders als in *Von meinem Arbeitszimmer aus* erfreut sich der Flaneur in *Der Verdächtige* an Tieren, Gegenständen und Pflanzen, die er ansprechend findet. Die Beobachtungsobjekte werden von den beiden Flaneuren ästhetische beurteilt. So bewertet Genazinos Erzähler die Angestellten und die Putzfrauen nach ihrem Aussehen und vergleicht sie dann mit seinen Erfahrungen aus der Vergangenheit. Auch Hessels Flaneur schaut mit einem ästhetischen Blick die alte Frau mit den Haaren aus dem letzten Jahrhundert, die Portiersfrau und die Bucklige aus der Strumpfklinik an.

Während Hessels Feuilleton mit einer lustigen Pointe endet, ist der letzte Teil in Genazinos Text die beunruhigende Nachricht, dass qualifizierte Menschen einen Zweitjob annehmen müssen, um ihren Lebensstandard zu halten. Hier erkennt man den gesellschaftskritischen Blick Robert Walsers, der den Dingen auf den Grund geht. So endet dieses Feuilleton nachdenklich, was ebenfalls für Genazinos Angestelltenromane typisch ist.

Alles in allem verhalten sich die beiden Flaneure verdächtig, und in *Der Verdächtige* erweckt der Flaneur bei seinen Mitmenschen Misstrauen. Die falschen Annahmen der Passanten entstehen durch das Unverständnis gegenüber der literarischen Flanerie, was an ihrem zweckorientierten Denken und Handeln liegt. Beim genauen Hinschauen kam heraus, dass bei Hessel – anders als bei Genazino – gegenseitiges Beobachten zwischen dem Flaneur und seinen Mitmenschen stattfindet und die Passanten als Flaneure in Frage kommen. Doch die Untersuchung ergab, dass sie alle ein Ziel verfolgen und demnach nur der Erzähler den Flaneur darstellt.

Sprache

Die beiden Autoren bedienen sich den allgemeinen Vorgaben des Feuilletons. Die kurzen Texte zeichnen sich durch Humor, Alltagssprache, Lockerheit und Ironie aus. Hessels letzter Abschnitt von *Der Verdächtige* endet komisch, in dem der Hausportier den Ich-Erzähler mit erhobenem Zeigefinger wegen seines Hundes in berlinerischem Dialekt ermahnt und der Anekdote eine authentische Note verleiht. In Genazinos Text hingegen sind einzelne komische Momente enthalten. Aufgrund des großen Zeitunterschieds von 84 Jahren ist eine differenzierte Ausdrucksweise der beiden Texte erkennbar. Während die

Flanerie bei Hessel gelassen ist, ist sie bei Genazino nachdenklich. In Hessels Text ist die Sprache eher komplex und durch hypotaktische Satzkonstruktionen gekennzeichnet, während Genazinos Sprache meist parataktische Satzkonstruktionen aufweist, die für Klarheit und Verständlichkeit verantwortlich sind. In *Von meinem Arbeitszimmer aus* wird häufig das Präsens verwendet, um die aktuellen Vorgänge zu beschreiben, in *Der Verdächtige* sind die Zeitebenen unterschiedlich und kennzeichnen die zu verschiedenen Zeitpunkten stattfindenden urbanen Müßiggänge.

In *Der Verdächtige* wird die Sprache poetisiert, indem Musikinstrumente, der alte Fahrstuhl und die Nähutensilien personifiziert werden. Darüber hinaus macht die Figurenrede in Hessels Text den Text authentisch und lebendig. In beiden Feuilletons treten Symbole auf, bei Genazino die Dunkelheit als Übergang vom Büroalltag zum Arbeitsalltag des Reinigungspersonals und die Kulissenhaftigkeit der Großstadt als oberflächliche Weiblichkeit; bei Hessel die Beine der Mädchen als wichtigstes Fortbewegungsmittel des Flaneurs. Hessels Flaneur spricht im Gegensatz zu Genazinos Flaneur manchmal von „wir" oder „unsereinen" und vermittelt dadurch eine vertrauenswürdige Atmosphäre. Außerdem ist in *Der Verdächtige* die Sprache wohlwollend, auch wenn die „lieben Berliner Mitbürger" ihm nicht mit Freundlichkeit begegnen.

Entfremdungsgefühle

Die Aufgabe des Flaneurs ist es, die letzten Spuren der Vergangenheit festzuhalten. So ist in *Der Verdächtige* an einigen Textstellen Folgendes zu erkennen: Die Haare der alten Frau, der Brunnen im Innenhof, die letzten Spuren der Wilhelminischen Zeit und der altertümliche Fahrstuhl. Diese sind für den Erzähler fremd, dennoch sieht er sie wohlwollend an. Er möchte außerdem durch die verschwindenden Dinge Tradition Berlins aufzeigen. Sein Interesse dient des Weiteren der Ästhetik des Marginalen, sodass ihn unbedeutende Kleinigkeit dazu bringen, diese bewundernd zu beschreiben.

Anders ist dies in *Von meinem Arbeitszimmer aus*. Dort befremden den Erzähler die attraktiven Putzfrauen, weil sie nicht mit seiner Vorstellung übereinstimmen. So, wie er die Putzfrauen in Erinnerung hat, gibt es sie anscheinend nicht mehr. Es scheint für ihn, dass sich die Verhältnisse geändert haben. So sind es heute die Büroangestellten, die sich durch ihre Geschmacklosigkeit auszeichnen. Die Putzfrauen hingegen zeichnen sich in diesem Fall durch ihre Attraktivität aus. Dem versucht er zu begegnen, indem er über sie reflektiert. Seine Reflexionen bringen ihn zu der Erkenntnis, dass die Frauen ihrem

Zweitjob nachgehen. Durch die reflexive Tätigkeit des Ich-Erzählers entsteht Distanz zwischen dem Erzähler und der Gesellschaft (Hirsch 2006: 21). Darüber hinaus grenzt er sich durch abschätzige Bemerkungen und Behauptungen von den Frauen ab, um mit dem Gesehenen zurechtzukommen.

6.3 Flanieren als Kindheitserinnerung: Der Vergleich

Die beiden Texte *Die Paläste der Tiere* und *Ein Trost während meines Schulwegs* erfüllen viele der rhetorischen Parameter des Feuilletons. Zum einen sind die Texte sehr bis relativ kurz, in denen ein Ich-Erzähler zu erkennen ist. Zum anderen sind die Texte durch Ironie gekennzeichnet und der Autor spielt mit sprachlichen Mitteln, wodurch der Text poetisiert wird. Hessels Text zieht, wie andere seiner Texte auch, bereits existierende Informationen heran und verarbeitet diese. Die beiden Müßiggänger versuchen die noch vorhandenen Spuren der Geschichte, welche vom Auslöschen bedroht sind, zu sichern. Die beiden Beobachtenden geben ein realitätsnahes Bild von der vergangenen und gegenwärtigen Situation der aufgesuchten Orte (Köhn 1989: 179; Wellmann 1991: 141).

Während in *Die Paläste der Tiere* die Kindheitserinnerung in einem abgetrennten Abschnitt am Ende des Feuilletons auftritt, ist in *Ein Trost während meines Schulwegs* die Kindheitserinnerung am Anfang der Episode vorzufinden.

Wahrnehmung und Beobachtungsobjekte

In den beiden Episoden sind Kindheitserinnerungen vorzufinden, die sich die urbanen Müßiggänger im gedanklichen Flanieren vor Augen führen. Sie erinnern sich an Situationen, die für Kinder typisch sind, zum Beispiel an das Kaufen von Süßigkeiten oder den Besuch eines Zoos. Diese Dinge hatten für die Flaneure eine magische Komponente.

Während bei Genazinos Flaneur dieser Zauber der Kindheit beim Anblick des heutigen Einkaufskiosks nicht mehr vorzufinden ist, ist bei Hessels Flaneur der Zauber beim Anblick des Zoos vorhanden. So nimmt er zwei Mal die Perspektive eines Kindes ein, indem er versucht, durch dessen Augen die Tiere zu sehen. Der Zoo ist für den Flaneur immer noch ein Kinderparadies. Obwohl er den kindlichen Blick als noch nicht vollständig entwickelt ansieht und dadurch falsche Einschätzungen bezüglich der Größe des Vogelkäfigs bemerkbar sind, möchte er sich gelegentlich in ein Kind hineinversetzen und den Zauber, das Unheimliche und Furchterregende nochmal spüren. Dieser künstliche Blick, der auch in anderen Texten von Hessel auftritt, gibt nicht das reale Bild des

Gesehenen wieder, sondern ist als eine Traum- und Märchenwelt zu bezeichnen. Anders als die Erwachsenen können die Kinder anhand ihrer Fantasie das Magische und Unheimliche sehen. Darin sieht der Flaneur das Glück der Kindheit, das er wieder künstlich zu erleben versucht.

Wie schon in anderen Texten unterscheidet sich die Wahrnehmung der beiden Flaneure. Während Hessels Flaneur den intentionslosen Blick verfolgt und an der Ästhetik des Marginalen seine Freude findet, ist es bei Genazino der gesellschaftskritische Blick. Beide Beobachtungsarten sind genau und detailliert und gehen auf Beschreibungen von Kleinigkeiten ein. Hessels Flaneur hält das Gesehene in einer Momentaufnahme fest, wobei ein liebevoller Blick und eine gelassene Atmosphäre im Flaneurtext zu erkennen sind. Ganz wichtig für den Flaneur ist der erste Blick, der sich durch das Festhalten von ersten Eindrücken auszeichnet.

Beide urbanen Müßiggänger wechseln ihre Perspektive. Bei Hessels Figur wird zwischen dem Spaziergänger in der Natur und dem Flaneur unterschieden (Neumeyer 1995: 12-13). Auf dem Weg zum Zoo ist sie als Spaziergänger zu erkennen. Dann wechselt Hessel zu seiner typischen Perspektive des Flaneurs. Genazinos Figur wechselt zwischen Flaneur und Streuner/observateur. Ferner dient der Kiosk als Erinnerungsraum für den Flaneur. Dann äußert er als Streuner/observateur Kritik, indem er die Großstadt als eine Gefahr für den moralischen und tugendhaften Menschen darstellt. (Köhn 1989: 23-24). Die Figur des Streuners kann der ungemütlichen Situation im Kiosk einen Reiz abgewinnen (Genazino 2006: 103).

Des Weiteren unterscheiden sich die Texte bezüglich ihrer Häufigkeit der Müßiggänge. Bei Genazinos urbanem Müßiggänger entsteht der Eindruck des wiederholten Flanierens und Beobachtens, weil nur so die Zusammenfassung der Gesamteindrücke möglich ist. Seine Beschreibungen und Details sind kaum in kurzer Zeit festzuhalten. Des Weiteren möchte der Beobachtende nicht als Dieb im Kiosk verdächtigt werden. Bei Hessel handelt es sich hingegen um ein einmaliges Flanieren, da er keine Zusammenfassungen vorstellt, sondern der Eindruck einer tatsächlichen Flanerie entsteht. Der Zoo ist ein geeigneter Ort zum Beobachten, da man nicht auffällt und die anderen derselben Tätigkeit nachgehen.

Anders als Hessels Flaneur schweift Genazinos Streuner beim Schauen auf die Objekte ab und ihm fallen gedanklich andere Situationen und Menschen ein. Das Abschweifen und die freie Beziehung von Darstellungselementen kommt in Robert Walsers Texten ebenfalls vor. Außerdem bedient sich Genazinos Streuner der Assoziation und analysiert die gegenwärtige Situation, was in neueren Flaneurtexten häufig vorzufinden ist.

In *Die Paläste der Tiere* beobachtet der Flaneur sowohl die Menschen, denen er auf dem Weg begegnet, als auch Tiere und die Architektur. Auch die für den Flaneur typischen Objekte wie Schilder und Schaufenster werden vom Müßiggänger angeschaut (Köhn 1989: 60-61). Im Fokus stehen aber die Tiere und ihre Behausungen sowie Pflanzen. Die Tiere und die wilden Völker sind für den Müßiggänger geschlechtsneutrale Objekte. Besonders die Fische, die auf eine gutmütige Art angesehen werden, sind im Mittelpunkt der Betrachtung. Aus der Sicht eines Kunstkenners nimmt der Flaneur die Abbildungen, die Architektur sowie die Glasmalereien der Tierpaläste wahr.

In *Der Trost während meines Schulwegs* hingegen betrachtet der Streuner die Kioske, die dort arbeitenden Menschen, die Kunden und das Angebot des Kiosks. Doch sein Hauptinteresse liegt im Beobachten des Verhaltens der alkoholkranken männlichen Kunden, die er beim Aufsuchen des Kiosks beschreibt.

Die beiden Beobachtenden richten ihren Fokus auf Menschen oder Tiere in ihrer Freizeit. Genau wie in der Episode *Der Verdächtige* sieht sich der Flaneur Objekte an, die wie er schlendern. Die Tiere, die sich im Zoo aufhaltenden Menschen und die wilden Völker sind für den Flaneur ebenfalls Müßiggänger. Die Nomaden führen, wenngleich nur für das Publikum, ihre typischen Handlungen und Bewegungen in der Freizeit aus. In *Ein Trost während meines Schulwegs* schaut der Müßiggänger Männer an, die in ihrer Freizeit Alkohol kaufen. Dabei achtet er darauf, wie viel und was sie sich kaufen und wann sie den Kiosk aufsuchen.

Darüber hinaus sind die Beobachtungsstandorte unterschiedlich. So befindet sich Hessels Flaneur in einem Zoo und kann aus verschiedenen Perspektiven die Behausungen der Tiere anschauen und sich durch langes Schauen ein gutes Bild von dem Gesehenen machen. So erhält er von einer Brücke im Zoo einen umfassenden Überblick über die Tiere und die Behausungen. Während der detaillierten Beschreibung der Behausungen tritt der Ich-Erzähler hinter der Beobachtung zurück und bringt die Unterkünfte der Tiere in den Mittelpunkt (Neumeyer 1999: 332-333). Anders sieht es bei Genazinos Streuner aus, der einen begrenzten Beobachtungsraum hat, der es ihm als Kunde im Kiosk erlaubt, die anderen Kunden anzuschauen. Hier entsteht der Eindruck, dass der Streuner nicht hinter seinen Beobachtungen zurücktritt, sondern während seines Müßiggangs anwesend ist.

Sprache

Die Sprache spielt in den beiden Episoden eine herausragende Rolle, da sie die Texte – besonders den Text *Die Paläste der Tiere* – sehr variationsreich macht. Das zeigt sich an der Verwendung von Synonymen, um die Tierreiche oder die Süßigkeiten zu beschreiben. Dies erzeugt wiederum einen liebevollen Blick in die Vergangenheit, als die beiden Flaneure eine glückliche Kindheit hatten.

Darüber hinaus wird die Sprache in den Feuilletons poetisiert, wenn sprachliche Mittel verwendet werden. So sind bei Hessels Flaneur viele Vergleiche, Metaphern und Alliterationen zu erkennen, die zu einer kunstvollen Ausdrucksweise beitragen. Rhetorische Fragen, sarkastische und ironische Bemerkungen zeigen eine kritische und distanzierte Haltung gegenüber den Tierunterkünften oder dem Kiosk in beiden Texten. Außerdem ist den beiden Feuilletons gemeinsam, dass sie oft die Vorgänge des Gesehenen durch Aufzählungen aneinanderreihen, um die Vielfalt oder die Dynamik der Bewegung zu unterstreichen.

In *Ein Trost während meines Schulwegs* sind sowohl die Rückblicke als auch der gegenwärtige Blick auf die Situation des Streuners anonymisiert. Dies kann als eine Verallgemeinerung angesehen werden, die eine Generation von Kindern einbezieht, welche dieselbe Erinnerung haben. Aus diesem Grund tritt ein auktorialer Erzähler auf, der die gemeinsame Vergangenheit unterstreicht.

In *Die Paläste der Tiere* erzeugt die Sprache hingegen ein Gemeinschaftsgefühl bei den Berlinern durch (Possessiv-)Pronomen wie *unser* und *wir*. Dies geschieht bei der Flanerie und nicht in der Kindheitserinnerung. Darüber hinaus erzeugt die begeisterungsfähige Art des Flaneurs in Hessels Text eine gelassene Stimmung. Wohingegen die Darstellung alkoholkranker Menschen in Genazinos Text eine nachdenkliche Atmosphäre kreiert.

Entfremdungsgefühle

Wie die Untersuchung der beiden Texte gezeigt hat, empfinden die urbanen Müßiggänger in *Die Paläste der Tiere* und *Ein Trost während meines Schulwegs* Distanz gegenüber dem Gesehenen. So wie bei Baudelaires Texten thematisieren die beiden Episoden die architektonische Veränderung der Stadt. Den Zoo (Aquarium) und den Kiosk anzuschauen, erzeugt bei beiden Episoden eine befremdliche und wehmütige Atmosphäre, die als Reaktion auf die Veränderung des Gesehenen in der Großstadt zu verstehen ist (Köhn 1989: 180).

Während die Veränderung des Zoos/Aquariums aufgrund der Ordnung als befremdlich angesehen, aber immer noch als gut empfunden wird, bedauert Genazinos Streuner die Transformation des Kiosks. In *Ein Trost während meines Schulwegs* nimmt der Streuner als Zeitzeuge die Veränderungen der Kioske aus einer persönlichen Perspektive wahr. Die Transformation ist so gravierend, dass er eine distanzierte Haltung gegenüber den Einkaufskiosken entwickelt. Durch Ironie und Komik versucht er dem Gesehenen zu begegnen und die veränderte Situation anzunehmen. Auch die Kunden im Kiosk befremden ihn, was sich an der Beobachtung des Trinkverhaltens zeigt.

7. Zusammenfassung

Die Figur des Flaneurs ist eine vielseitige Gestalt, die in unterschiedlichen Ausprägungen und thematischen Schwerpunkten in der Literatur auftritt. Sie stellt eine Ausnahmeerscheinung und eine Figur der Differenz dar. Wie die Flaneure selbst sind die Wege und Beobachtungen dieser Erscheinungen unberechenbar. Deshalb erscheinen sie als Verdächtige in der zweckorientierten Großstadt. Der heutige Flaneur gibt seine Identität nicht so offensichtlich wie früher preis und hat weniger Hindernisse beim Beobachten. Des Weiteren sind die Flaneurtexte im Laufe der Zeit reflektierter geworden. In den untersuchten Episoden von Hessels *Spazieren in Berlin* und Genazinos *Tarzan am Main* habe ich jeweils unterschiedliche Beobachtungsweisen und Ziele der Flanerie festgestellt.

Hessels Flaneur, der als Ästhetiker des Marginalen bezeichnet wird, raubt den gesehenen Menschen, Tieren und Dingen ihre Eigenlogik und entfremdet sie von ihren Zwecken, sodass sich die Großstadt in ein „phantasmagorisches Kaleidoskop" verwandelt. Hessels Flaneur möchte den Blick eines Kindes erlangen, der durch Fantasie und begeisterungsfähige Momente bestimmt ist. Dabei benutzt er beispielsweise in der Episode *Tiergarten* die Dunkelheit, um mithilfe seiner Fantasie den kindlichen Blick herzustellen. Er versetzt sich in eine Traum- und Märchenwelt, um den Zauber, das Unheimliche und Furchterregende nochmals zu spüren. Dadurch ist sein Blick oft künstlich. Ferner nimmt er die Dinge in Berlin wahr, ohne sie zunächst zu werten, wodurch eine detaillierte Momentaufnahme entsteht. Der Zweck von Hessels Flanerie ist die Kunst spazieren zu gehen. Die abweichende Figur leistet sich den Luxus frei schwebender Aufmerksamkeit. Außerdem ist seine Sicht auf die Großstadt gelassen und zuversichtlich. Seine Umgebung beschreibt er liebevoll, und das Gemeinschaftsgefühl kommt ganz klar zur Geltung.

Genazinos Wahrnehmung hingegen ist durch einen gesellschaftskritischen Blick geprägt, wobei teilweise ebenfalls ein ästhetischer Blick zu erkennen ist. Die Gesellschaftsanalyse ist bei Genazinos Streuner nur möglich, wenn er wiederholt eine bestimmte Situation wahrnimmt und mit einem genauen Blick hinschaut. Sein Schauen zeichnet sich durch eine analytische Genauigkeit aus, die präzise Zeit- und Dauerangaben möglich macht.

Ferner versucht er durch das Beobachten alltäglicher Begebenheiten auf allgemein bestehende Probleme und Aspekte des Großstadtlebens hinzuweisen. Dies wiederum entspricht einem Punkt der rhetorischen Parameter des Feuilletons. Seine Müßiggänge rufen bei ihm Assoziationen hervor, die sich auf Vermutungen und Behauptungen stützen.

Der Streuner zeigt Interesse am Verhalten der Menschen und an der Arbeit. Sein Hauptinteresse liegt beispielsweise in der Episode *Ein Trost während meines Schulwegs* auf dem Verhalten der alkoholkranken männlichen Kunden, die er beim Aufsuchen des Kiosks beschreibt. Auch das Aussehen und Verhalten der Bäckereiverkäuferinnen in *Am Stadtrand* wird wahrgenommen. Sein Fokus liegt auf der Entwicklung der Phänomene in Frankfurt. Die Gelassenheit kommt nur gelegentlich zum Vorschein, Nachdenklichkeit prägt die Wahrnehmung des Flaneurs. Seine Beobachtung ist durch zwei Punkte gekennzeichnet: Distanz und Reflexion. Diese distanzierte Haltung zeigt sich in allen Episoden, die ich verglichen habe. Außerdem ist der gedehnte Blick eine Technik von Genazinos Figuren, um das Beobachtete einzuordnen und besser beurteilen zu können.

Anders als Genazino, der sagt, dass die Figur des Flaneurs durch den Streuner ersetzt worden ist, kann ich anhand der Textanalyse hervorheben, dass der Streuner nicht durchgehend in seinen Texten auftritt, sondern gelegentlich auch der klassische Flaneur zu erkennen ist. Dies ist zum Beispiel beim Betrachten der Katze im Schaufenster eines Friseursalons zu erkennen.

Des Weiteren konzentrieren sich die urbanen Müßiggänger auf bestimmte Wahrnehmungsobjekte, wobei sich Vorlieben erkennen lassen. Im Mittelpunkt der urbanen Müßiggänger stehen neben Menschen auch Tiere und Gegenstände bzw. Architektur. Sowohl Hessels auch Genazinos Flaneur zieht beim Schauen Frauen den Männern vor. Genazinos Flaneur blickt vorwiegend auf arbeitende Menschen, während Hesssels Flaneur den Blick auf Menschen, die ihrer Freizeitbeschäftigung nachgehen, richtet. Hessels Flaneur interessiert sich für geschlechtsneutrale oder emanzipierte Objekte in der Zeit der Neuen Sachlichkeit. Genazinos Streuner zeigt hingegen Interesse an weiblichen Beobachtungsobjekten wie die Putzfrauen, die Verkäuferinnen und der Katze. Darüber hinaus nimmt Hessels Flaneur immer wieder die Sichtweise eines Kunstkenners ein (z.B im Tiergarten). Er nimmt die Abbildungen, die Architektur sowie die Glasmalerei der Tierpaläste wahr, beschreibt diese aus seiner Perspektive.

Die urbanen Müßiggänger suchen bewusst die für sie interessanten und sehenswerten Situationen in der Großstadt auf, wobei es sich hauptsächlich um nebensächliche und alltägliche Dinge handelt. Die beiden Figuren bewegen sich in der Großstadt, um die unauffälligen oder vom Auslöschen bedrohten Phänomene aufzuzeigen. Genazinos Streuner sucht bewusst eher ruhige Situationen auf. So ist er am Stadtrand Frankfurts unterwegs und betrachtet die jungen Bäckereiverkäuferinnen und später eine Katze im

Schaufenster. In *Von meinem Arbeitszimmer aus* beobachtet er in Ruhe von seinem Arbeitszimmer aus die arbeitenden Menschen im gegenüberliegenden Bürogebäude und hält seine Eindrücke fest. In *Ein Trost während meines Schulwegs* liegt sein Beobachtungszeitpunkt in den späten Abendstunden, um die Trinker beim Kaufen von Alkohol als Kunde getarnt besser zu beobachten. Hessels Flaneur hingegen sucht solche Situationen auf, die meistens belebter sind (z.B. im Zoo, im Tiergarten, auf der Straße Berlins).

Des Weiteren sind die Perspektiven der beiden Müßiggänger unterschiedlich. Für Hessels Flaneur ist es schwierig, zu flanieren und andere dabei zu beobachten, weil er fast immer für die anderen sichtbar ist und selbst zum Betrachtungsfokus werden kann. Bei Genazino sieht es anders aus, da er nicht eindeutig für die Beobachteten zu sehen ist, weil er entweder von Zuhause aus, aus einem versteckten Winkel oder im Abstand zu anderen seine Müßiggänge unternimmt. Genazinos urbaner Müßiggänger sucht sich sichere Beobachtungsorte wie die Bäckerei, sein Arbeitszimmer, einen Kiosk aus, wobei er als Kunde und Passant bei einem Schaufensterbummel wiederholt und ruhig seinen Interessen nachgehen kann, ohne besonders verdächtig zu sein. Zwar sind die Betrachtungen des Streuners nicht verdächtig, aber sie können nicht so wahrgenommen werden, als wenn er dabei wäre. Die Geschehnisse (z.B Arbeitsabläufe) werden von beiden Flaneuren wahrgenommen, aber die Einblicke unterscheiden sich. Während Hessels Flaneur einen internen Einblick in den Arbeitsalltag erhält und genaue Beschreibungen vornehmen kann, ist bei Genazinos Streuner die Beobachtung ebenfalls sehr genau, aber sie geschieht auf einer Distanz. Es besteht bei Genazino spürbar fast immer eine Distanz zwischen dem Beobachter und den Beobachteten.

Die Sprache in den untersuchten Flaneurtexten ist sehr variationsreich. So treten häufig Synonyme, Vergleiche, Metaphern und Alliterationen sowie eine kunstvolle Ausdrucksweise auf. Die variationsreiche Ausdrucksweise äußert sich in beiden Flaneurbüchern durch rhetorische Fragen, sarkastische und ironische Bemerkungen, die eine distanzierte und kritische Haltung gegenüber den Tierunterkünften oder dem Kiosk zeigen. Besonders Hessels Blick poetisiert das Wahrgenommene. Hessels Sprache erzeugt ein Gemeinschaftsgefühl bei den Berlinern und den Lesern. Außerdem ist die Wahrnehmung des Flaneurs gelassen. Genazinos Texte hingegen zeichnen sich durch eine anonymisierte Darstellungsweise aus, die die gesehene Situation verallgemeinert. Die Sprache in *Tarzan am Main* tendiert dazu, eine nachdenkliche Atmosphäre zu erzeugen.

Auffallend ist, dass beide Flaneure nicht immer der Kriterien der Figur des Flaneurs entsprechen. So flanieren sie nicht durchgehend, sondern Hessels Flaneur lässt sich von einer Bekannten oder arbeitenden Menschen führen, er geht mit dem Hund seiner Bekannten als Vorwand für seinen urbanen Müßiggang spazieren. Und in Genazinos Episode *Von meinem Arbeitszimmer aus* beobachtet der Streuner die im Büro arbeitenden Menschen (eher Frauen) von seinem Arbeitszimmer aus. Damit flaniert er auch nicht, sondern beobachtet aus einer gewissen Distanz die Menschen beim Arbeiten.

Zusammenfassend kann man sagen, dass die untersuchten Texte sich hinsichtlich der Wahrnehmung der Flaneure unterscheiden. Darüber hinaus verfolgen sie unterschiedliche Zwecke. Bei Hessels Flaneur ist es der intentionslose Blick, bei Genazinos Streuner ist es ein sozialkritischer Blick. Dennoch hat sich trotz der zeitlichen Distanz zwischen den beiden Flaneurbüchern gezeigt, dass die urbanen Müßiggänger ähnliche Themen und Beobachtungsobjekte aufweisen. Die rhetorischen Parameter des Feuilletons werden in beiden Büchern erfüllt. Dazu zählt Ironie, Sarkasmus, das Heranziehen von bereits bestehenden Informationen und die poetisierte Sprache. Die beiden Figuren in den untersuchten Episoden versuchen die noch vorhandenen Spuren der Geschichte, welche vom Auslöschen bedroht sind, zu sichern. Zu erkennen sind auch Entfremdungsgefühle gegenüber der für sie gegenwärtigen Stadt. Außerdem tritt das ziellose Umhergehen als ein flaneurtypisches Attribut bei Hessels und Genazinos urbanem Müßiggänger auf. Die Stadt dient als Erinnerungsauslöser und wird mit einem wehmütigen Ton beschrieben. Die Flaneure vergleichen die damalige und die für sie gegenwärtige Großstadt. Insgesamt handelt es sich bei beiden Flaneurbüchern vorwiegend um detaillierte Beschreibungen von Objekten und weniger um innere Handlungen. Anhand des realen Flanierens, des voyeuristischen Flanierens, des Flanierens als Kindheitserinnerung und gedanklichen Flanierens ohne einen Ich-Erzähler konnte ich die Wahrnehmung des Flaneurs in *Spazieren in Berlin* und *Tarzan am Main* deutlich aufzeigen und die Gemeinsamkeiten und Unterschiede der Sichtweise feststellen. Somit hat sich gezeigt, dass die Tradition der Flanerie als Medium moderner Großstadterfahrung in der heutigen Literatur weiterlebt.

8. Literaturverzeichnis

Andre, Thomas (2011): Walter Benjamin: *Der Flaneur, er schaut und denkt.*
http://www.abendblatt.de/kultur-live/article108041670/Walter-Benjamin-Der-Flaneur-er-
schaut-und-denkt.html. (4.11.2014).

Baudelaire, Charles (1990): *Die Blumen des Bösen.* Übersetzt aus dem Französischen von
Sigmar Löffler. Leipzig: Insel-Verlag.

Benjamin, Walter (1938): Der Flaneur. In: Stein, Gerd (Hrsg.): *Dandy – Snob – Flaneur.
Exzentrik und Dekadenz. Kulturfiguren und Sozialcharaktere des 19. und 20. Jahrhunderts.*
1985 Bd. 2. Frankfurt a. M.: Fischer Taschenbuch Verlag, 129-130.

Benjamin, Walter (2009): *Einbahnstraße.* (Hrsg.): Detlev Schöttker. Frankfurt am Main:
Suhrkamp Verlag.

Drews, Jörg (1997): Feuilleton1. In: Weimar, Klaus (Hrsg.): *Reallexikon der deutschen
Literaturwissenschaft.* Bd.1. Berlin/New York: de Gruyter, 582-584.

Fansa, Jonas (2008): *Unterwegs im Monolog. Poetologische Konzeptionen in der Prosa
Wilhelm Genazinos.* Würzburg: Verlag Königshausen & Neumann.

Frank, Markus (1998): Wanderschau und ambulante Nachdenklichkeit. Elemente einer
Poetik des Spaziergangs im Berlin-Feuilleton des frühen 20. Jahrhunderts. In: Sprengel,
Peter (Hrsg.): *Berlin-Flaneure. Stadtlektüren in Roman und Feuilleton 1910-1930. Berlin*:
Weidler Buchverlag, 23-43.

Fuest, Leonhard (2008): *Poetik des Nicht(s)tuns: Verweigerungsstrategien in der Literatur
seit 1800.* München: Fink.

Genazino, Wilhelm (2013): *Tarzan am Main.* München: Carl Hanser.

Hermann, Iris (2011): Elemente einer Sehphilosophie in Wilhelm Genazinos Essay `Der
gedehnte Blick´. In: Bartl, Andrea; Marx, Friedhelm (Hrsg.): Verstehensanfänge. *Das
literarische Werk Wilhelm Genazinos. Poiesis. Standpunkte der Gegenwartsliteratur Bd.7.*
Göttingen: Wallstein Verlag, 165-178.

Hessel, Franz (1984): *Ein Flaneur in Berlin.* Berlin: Das Arsenal.

Hirsch, Anja (2006): *Schwebeglück der Literatur. Der Erzähler Wilhelm Genazino.*
Heidelberg: Synchron.

Keidel, Matthias (2006): *Die Wiederkehr der Flaneure. Literarische Flanerie und
flanierendes Denken zwischen Wahrnehmung und Reflexion.* Würzburg: Verlag
Königshausen & Neumann.

Köhn, Eckhardt (1994): *Straßenrausch. Flanerie und kleine Form. Versuch zur Literaturgeschichte des Flaneurs bis 1933*. Berlin: Das Arsenal.

Leerhoff, Gerrit (1998): Die Kritik der Großstadt in den literarischen Berlin-Reportagen Joseph Roths. In: Sprengel, Peter (Hrsg.): *Berlin-Flaneure. Stadt-Lektüren in Roman und Feuilleton 1910-1930*. Berlin: Weidler Buchverlag, 81-100.

Martinez, Matias; Scheffel, Michael (2012): Einführung in die Erzähltheorie. 9. erweiterte und aktualisierte Auflage. München: Verlag C. H. Beck.

Müller, Lothar (1997): Peripatetische Stadtlektüre. Franz Hessels Spazieren in Berlin. In: Opitz, Michael; Plath, Jörg (Hrsg.): *Genieße froh, was du nicht hast. Der Flaneur Franz Hessel*. Würzburg: Verlag Königshausen und Neumann, 75-104.

Neumann, Heiko (2011): <<Der letzte Strich des Flaneurs>>. Schwierige Fußgänger in Wilhelm Genazinos Romanen `Ein Regenschirm für diesen Tag und die Liebesblödigkeit´. In: Bartl, Andrea; Marx, Friedhelm (Hrsg.): Verstehensanfänge. *Das literarische Werk Wilhelm Genazinos. Poiesis. Standpunkte der Gegenwartsliteratur Bd.7*. Göttingen: Wallstein Verlag, 149-164.

Neumeyer, Harald (1999): *Der Flaneur. Konzeption der Moderne*. Würzbürg: Königshausen & Neumann.

Otto, Viktor (1998): Warum Goebbels kein Flaneur sein konnte. Politische Dimensionen der Berlin-Flanerie um 1930. In: Sprengel, Peter (Hrsg.): *Berlin-Flaneure. Stadtlektüren in Roman und Feuilleton 1910-1930*. Berlin: Weidler Buchverlag, 161-179.

Plath, Jörg (1994): *Liebhaber der Großstadt. Ästhetische Konzeptionen im Werk Franz Hessels*. Paderborn: Igel Verlag.

Püschel, Ulrich (1997): Feuilleton2. In: Weimar, Klaus (Hrsg.): *Reallexikon der deutschen Literaturwissenschaft*. Bd.1. Berlin/New York: de Gruyter, 584-587.

Porombka, Stephan (2009): Feuilleton. In: Lamping, Dieter (Hrsg.): *Handbuch der literarischen Gattungen*. Stuttgart: Alfred Kröner Verlag, 264-269.

Sprengel, Peter (1998): Einleitung. In: Sprengel, Peter (Hrsg.): *Berlin-Flaneure. Stadt-Lektüren in Roman und Feuilleton 1910-1930*. Berlin: Weidler Buchverlag, 81-100.

Svoboda, Markus (1998): Die Straße als Wohnung. Walter Benjamins Rezension von Franz Hessel „Spazieren in Berlin". In Sprengel, Peter (Hrsg.): *Berlin-Flaneure. Stadtlektüren in Roman und Feuilleton 1910-1930*. Berlin: Weidler Buchverlag, 137-160.

Wellmann, Angelika (1991): *Der Spaziergang. Stationen eines poetischen Codes*. Würzburg: Königshausen & Neumann.

Zentner, Christian (2007): *Fremdwörterbuch. Herkunft und Bedeutung*. Leonberg: Garant Verlag.